暴民法

當國家為惡、政治失控、正義失靈，人民的反抗無罪

傑森・布倫南
JASON BRENNAN

劉維人——譯
楊理然——審訂

WHEN ALL ELSE FAILS

The Ethics of Resistance to State Injustice

目次

第二章　防衛倫理學

第三章　政府權威性論證　93

第八章　一定要反抗嗎？ 231

導讀一

不管您是誰或誰的誰，落實零時差的正義是一種道德義務？

葉浩（政治大學政治系副教授）

江洋大盜與東廠錦衣衛

開卷愉快，為了確認您就是作者布倫南預期的讀者，請先試想以下兩個常見武俠場景：（一）江洋大盜正凌虐手無寸鐵且不會武功的普通百姓，正當刀往人的脖子砍時，突然出現一位蒙面俠，瞬間讓盜匪的人頭落地；（二）東廠錦衣衛正追殺忠良並對其妻女施暴，突然出現一位蒙面俠，「咻」地一聲讓幾位朝廷爪牙全倒下。您是否對這兩個不同的場景都感到痛快，覺得道德良善、公道真理全都回來了？抑或，您認為盜匪的確該就地正法，但身著官服的人則不該如此？

若是後者，那恭喜了，本書幾乎是為您而寫！因為作者認為，當一個正在施虐、霸凌或進行不義勾當的人是普通百姓時，多數人會義憤填膺並願意主動上前阻止，但如果現行犯是總統、國會議員、各級官僚或軍警，「人民會卻出於各種原因，認為政府或政府代理人做這些行為時，我們應該讓他們得逞」——特別是在民主國家，制度「雖然允許我們事後抗議，甚至要求我們必須抗議，卻又說我們不能自己出手阻止」（頁四一）。《暴民法》這本書的用意是為了指出，這種矛盾其實是一種道德思考上的謬誤。

請注意前文的「各種原因」這四個字。是的，布倫南將會盡他所能在本書討論支持上述差別對待的各種可能理由，雖然焦點是放在「社會契約論」（Social Contract Theory）之上。作為現代憲政民主思想起源的社會契約論，基本上主張「國家」（state）乃一群生活在缺乏政治權威的「自然狀態」（state of nature）的人們，因為受不了沒有政府、法律的諸多不便或危險才自願組成的。換言之，人們是為了想過更好的生活，才想到必須集體放下手上用來自保的各種武器或資源，進入一個有政府的社會。這是一種工具理性，或說一種交易，亦即以忠誠守法來換取人身安全和各種自然狀態下不可能擁有的保障。

職是之故，活在國家統治下的人們對政府存有一個必須善盡守法的「政治義務」（political obligation），政府也必須提供相應的保障，也就是通常會寫入憲法當中的「根本權利」。西方當前的所有民主理論，不管是直接或間接民主、代議或參與式民主，還是作為彌補兩者缺失的審議民主乃至公民投票，基本理據皆源於此。

《反民主》之後的思想試驗

不久前才以《反民主》（*Against Democracy*）一書而聲名大噪的本書作者，選擇批評民主制度的思想基礎固然不讓人意外，不過，在本書他卻策略性地退了一步，採取另一種攻擊角度。此前，布倫南高喊政治又不是詩歌或藝術，所以別跟人們說民主是為了彰顯「道德平等」、「人性尊嚴」之類的內在價值，重點在於政治能不能有效、迅速地解決現實問題，讓人的生活過得更好——結果才是一切。這次，他以退為進，高舉「道德平等」作本書所有論點的邏輯支撐，也就是以對手深信的核心價值反駁對手的所有理由。

寫作風格本來就邏輯犀利且幽默，甚至帶點挖苦的布倫南，採取這樣的論證策略肯定更能發揮特長，絕不會讓喜愛觀看近身肉搏論戰的讀者失望。布倫南仔細地想過所有支持對普通老百姓與政府代理人的差別待遇的立場，並通稱這些說法為「特殊豁免論」，再一一反駁。回到這篇文章第一段的兩個武俠場景，如果讀者有異議，並不認為它們可以相提並論（畢竟行不義之事的人身分不同），布倫南歡迎大家對號入座，讀一讀他怎麼以邏輯拆掉各位持反論時坐的那張椅子。

布倫南於本書的「反駁」，其實是一連串比那兩個武俠場景更加精心設計的案例，若以哲學術語來說，則是「思想試驗」（thought experiments）。他意圖讓讀者理解，所有涉及了不同官、民身分差異的案例，進一步探究其各自的邏輯或比較基礎之後，會發現那些差異根本不足以讓我們以不同的方式待之。本書充滿了各種思想試驗的提出與比較，但萬變不離其宗，一切的核心就是布倫南所謂的「道德平等論」：

> 正當護衛自我或他人免受政府代理人傷害的條件，與正當護衛自我或他人免受平民傷害的條件相同。（頁四二）

簡言之，任何對我們的不公不義或傷害，不管施予者的身份是官員或百姓，真正的「道德平等」意味著我們可「以其人之道，還治其人之身」。

值得一提的是，在作者眼裡，遲來的正義不算正義，面對不公不義或傷害，必須當場立即還擊。針對性強一點地說，他認為民主制度幾乎確保了許多不公不義的情境，而以法律方式或任何符合憲政體制的事後追究、平反，根本永遠不會來臨！

即使讀者的立場看起來和作者相同，他也有悄悄話想單獨對讀者說，那就是：落實真正的道德平等，意味著您本人有責任去阻止正在違法使壞的政府代理人，而手段包括取出隨身攜帶的那一把槍，立刻擊斃凌虐無辜百姓的警察。

是的，閱讀這本書的讀者不能袖手旁觀，而是必須馬上採取實際行動阻止違法警員。因為根據布倫南的說法，那是我們的道德義務，或根本就是每個人的「本分」（duty）。

讓我們再次確認怎樣的人是作者期待的讀者吧！首先，如果您才剛痛快於見到壞人當場斃命，那立場基本上與本書一致。只不過，布倫南也想告訴這樣想的人：如果您邏輯連貫的話，亦即真切認為濫殺無辜的壞人必須受制裁，且執行的機會稍縱即逝，那您就必須像蒙面俠那樣挺身而出，否則將有愧於自己的道德立場。而如果您想反駁上述論述，恭喜，您還是布倫南設想的讀者類型。

事實上，認為「大俠才有辦法立即替天行道，我又不是」，這也是一種差別待遇，而且採取了一種雙重標準。若非自身邏輯矛盾而不自知，那麼就是道德上軟弱又想替自己卸責，本質上無異於企圖以區別警、民身分來告訴自己「讓（身穿制服或官服的）壞人得逞並不可恥」的說法，不過是種種違反「道德平等」的藉口。

高官與警察和我們一樣都是人

到底身分差異該不該當作差別對待的道德根據呢？

或許會有讀者不服氣地發現：怎麼作者提出的例子人人手上都剛好有一把槍，能零時差地維護正義？於是提出抗議：「那是在美國，只有在那種國家才能如此，換作其他國家，持槍根本是犯法！」對此，筆者必須說，作者的確不愧是美國人，其他國家的人確實沒有這種具體條件作為可行的選項。不過，這不妨礙布倫南的基本論點，因為本書主張的是反抗的道德義務，至於如何去履行這種義務，則是另一回事，也不是本書的重點。

再進一步解釋，作者強調道德義務不同於其他義務，例如：「必須守法」的政治義務或是個別法條製造出來的特定法律義務。這些區分正是他藉以論證惡法是法，但卻應該抵抗的根本理由。只要是符合立法程序的法，即使內容有違道德義務，本身仍具備制度賦予的「正當性」（legitimacy），但唯有內容本身也符合道德義務的法，才具有「權威性」（authority）。如此一來，當政府代理人違背了法律時，就已取消了支撐其與庶民之間差異的基礎，政府的代理人便等同其他作惡的庶民，因此也必須以對待庶民的方式對待，如此一來才正義。更精確地說，是惡法迫使政府與人民彼此回歸單純的道德義務領域；鑲嵌於政治制度與法律的權利義務，此時失去了規範行為的權威性，剩下的僅是平等的人與人之間該如何對待彼此的考量。

拔刀而起面江湖

當朝廷失去權威性，天下就是一個江湖，而人在江湖，必須秉持以牙還牙、以暴制暴的江湖規矩。當然，除了在某些情境下暴力是不得不的唯一選項之外，本書也提出了許多較為溫和的反抗策略，例如占領公部門建物或破壞政府財產，而如果剛好我們也有司法審判、釋憲乃至其他公權力在手時，也能以刻意欺瞞、誤導人民或媒體等方式為選項，用來反抗政府代理人或惡法。

根據布倫南的推論結果，即使來到了江湖，也不一定人人都必須扮演大俠的角色。路見不平時，「拔刀相助」是一種道德義務，但這義務在實踐上究竟意味著提起大刀向壞人砍去（或開槍），還是一種容許較為溫和的反抗方式之比喻，他留給讀者自行去做決斷。同理，面對極端不義的政權時，究竟該進行一個人或集體的「公民不服從」（civil disobedience），還是採取更加激烈的手段，本書也留下空間給當事人自行判斷。唯一能確定的是，相較於此前多數人對於回應政治壓迫與不義的認知，也就是赫緒曼（Albert Hirschman）在其名著《叛離、抗議與忠誠》（*Exit, Voice and Loyalty*）書名中提出的三種主要方式，本書指出了第四種選項的存在：反抗！

令人玩味的是，相較於布倫南在《反民主》當中高舉工具價值並貶抑內在價值的做法，本書對後者友善了許多。正如他一再強調的，道德義務與政治實踐之間仍存在一段距離，而任何縮短距離的人都承擔了某些風險與代價，有時甚至意味著犧牲性命。因此，不管當事人最後選擇用哪一種具體方式反抗不公、不義，那既是道德義務的履行，也是值得讚賞的勇氣之彰顯。

最後，還是要提醒大家，相較於上述對現實條件的提醒，本書仰賴的思想試驗總是排除了不確定因素，讓敘述指向單一顯而易見的結果（例如不立即採取某種行動，某人一定會死），誰是加害者、誰是受害者也總是能清楚二分，但事實並不總是如此黑白分明，微調一下語言或加入一點相關人物的細節與脈絡，甚至就能讓人對論證產生不同的理解或判斷。不過這一切也許也就留待讀者閱讀完這本書、參與過書中的思想試驗，再來自行下判斷吧！

導讀二

讀《暴民法》的三種方法

朱家安（哲學哲學雞蛋糕腦闆）

哲學家思考一般人不習慣思考的東西，這是為什麼在日常對話裡提起哲學問題相當危險。試想吃宵夜的時候你朋友嚼著甜不辣，抬起頭來猛然一句：「所以我們真的能確定我們感知到的是真的嗎？有沒有可能你和甜不辣都只是我的幻覺？」

這時候你能確定的恐怕只有，這位朋友不是伴你宵夜的最佳選擇。

身為哲學家，本書作者布倫南特殊之處在於，他的研究和主張，就連道地的哲學家看來，也相當危險。

在二〇一八年引進中文版的《反民主》裡，布倫南論證民主沒有內在價值，只是生產公平、明智政治決策的工具。因此若選民素質低落，恐產出減損他們自身權益的決策，我們有正當理由換用其他「看起來不太民主」的工具來決定社會的未來，例如把投票權集中在少數人手上的各種「知識菁英制」。

在這本《暴民法》裡，布倫南論證庶民在一些情況下不但可以反抗政府，還可以動用暴力。想像一下：你看見警察攔下車輛，叫駕駛下車趴下，接著掏出警棍毆打沒有反抗能力的駕駛，你眼見駕駛已經濺血，而警察卻針對頭部等要害痛毆他不打算停手，附近也沒有其他人，要阻止駕駛被打死或重傷，唯一的機會就是當下用物理手段阻止警察。布倫南認為，在這種情況下，你在道德上有權利使用暴力制伏警察，甚至殺死他，來阻止駕駛繼續受到無謂的傷害。（當然，你有權利做某件事情，不代表你能成功辦到，布倫南也提醒大家，一件事情有多道德，跟一件事情有多明智，是兩回事。）

布倫南的文字明確，論證完整，解說周到，幾乎不預設哲學背景，再加上流暢的譯筆，讓這本書成為結論令人髮指，但推論過程可口的作品。或許有些人光是閱讀上面幾段文字，都覺得布倫南妖言惑眾、這本書根本應該查禁。我認為，這種人反而特別適合閱讀和挑戰此書。哲學的世界沒有白吃的午餐，愈是驚世駭俗、違反常識和直覺的結論，愈需要堅強的論證來支持。持有完全相反立場的讀者，最有動機和潛力秉持批判的眼光來閱讀布倫南的論證，體會最大的思辨樂趣。

現代政府依然濫權

警察等「政府代理人」濫權、暴力傷人，這在現代社會不是什麼奇聞異事。在國民黨專政的漫長歷史裡，軍警對付政治犯和異議人士，侵犯人權來鞏固政權。解嚴之後，依然時有公務員違法調查、刑求、使用不必要的暴力的新聞，二〇一四年三月「三二三占領行政院事件」裡，抗爭者遭員警毆打流血的照片，我至今歷歷在目。即使在不那麼「暴力」的例子裡，政府人員不照法令行事、警察在事件現場阻止記者採訪，更是時有可聞。

從二〇一九年三月開始，至今已經持續超過一年的香港「反送中」運動，也提醒我們國家機器的能耐。在香港民眾與政府衝突最激烈的時候，網路上隨處可見警察單方面毆打民眾至流血的照片和影片。當然，有時候警察動用暴力，是為了應付部分動用暴力的抗爭者，但這依然無法合理說明那些無端受到警察挑釁和攻擊、被制伏後受毆打、被失蹤、遭受性暴力甚至死亡的報導。當警察使用暴力，似乎多半情況都可以自我辯解說是執法所需，在這種情況下，人民能怎麼辦呢？

政府會濫權，這是事實，而問題則是社會該如何阻止濫權。當然，比起專制政體裡的人民，民主政體裡的人民通常有更多機會「和平改造」政府，而民主政府也更容易回應人民的願望、需求和異議。

然而，民主政治的改變雖是長久之計，但也曠日廢時。若政府濫權的事實化為揮舞的警棍或上膛的槍械擺在眼前，就算後續有立委質詢、監察院調查，也無法即時阻止不幸，身為一般民眾，如果我們有能力辦到，道德是否允許我們動用必要的武力來阻止濫權？這是布倫南在本書要處理的問題，這個問題不但哲學，而且現實。

反抗的權利

大部分人都認為暴力不好，但很少有人會主張，人不管怎樣都不可以使用暴力。如果你遇上，或目擊別人遇上急迫危險，你合理判斷只有暴力對待行兇者能化解危機，人們多半會認為，那麼，暴力縱使不理想，卻也是沒辦法的事。在這種情況下，大家可能不至於認為你有義務行使暴力來避免危機，但應該會認為你有權這樣做。

然而，在上述案例裡，若將行兇者換為警察，許多人的判斷會改變。同樣是壓制並毆打手無寸鐵的人，當動手的人穿著警察制服，守序善良的公民們更可能認為，即使眼見被打的人有生命危險，而暴力介入是救命的唯一手段，旁人也不該這樣做。

布倫南用「魔法防護罩」來形容這種對比：即使在同樣情況下執行同等的暴力，比起一般人，政府和政府代理人似乎有某種豁免權不受暴力反抗。布倫南不同意這種豁免權的存在，他主張不管是誰都有權動用必要的暴力來避免危機，不管促成危機的人是綁匪還是警察都一樣。在布倫南的「道德平等論」底下，政府代理人不具特殊豁免權，應該在道德上和一般人受同樣對待。這個結論值得注意，因為若布倫南是對的，眼見手足被港警毆打濺血的香港人，為了阻止國家暴力，在道德上甚至是允許殺死警察的。

布倫南的立論明確，舉例具體，推論過程完整可見，不過就如同其他所有哲學作品，這不代表你就該接受他的想法。一邊閱讀，一邊思量作者的說法是否合理，是享受哲學的主要方式之一。以下我介紹幾種進一步「使用」這本書的方法，希望協助讀者進行有趣的理解和思考。

從《暴民法》享受推理

這本書先大破後大立。為了辯護道德平等論，布倫南得先說明政府不具備「特殊權威性」，並為此和許多政治哲學理論正面交手。在書裡，作者介紹了哲學史上一卡車替特殊權威性辯護的論證，說明它們的缺失，並為結局鋪墊結構、調整寫法，給出線索讓讀者更能理解論戰的種種進程。

因此，閱讀本書的一種方式，是假想自己在讀一本推理小說：觀察手上的證據（目前出現的問題、疑慮、對手的看法等等），並嘗試推測出接下來會出現的論點。例如：你能不能在作者介紹這些假想敵論證時，就猜中作者要攻擊的缺失處？能不能在作者介紹自己想法的時候，就想到哪些環節會成為弱點？這種推理的讀法可以增加閱讀樂趣，也能讓你的閱讀狀態更貼近哲學。若你的推測正確，代表你的思考和布倫南的寫作在同一條路上；若你的推測錯誤，誰知道呢，說不定你發現了一個切題的新奇論點！

從《暴民法》學表達

布倫南擅長舉例，事實上，這本書的論證核心，就是建立在兩組相對案例之間。隨著論戰推進，你可以看見作者如何舉出例子來刻畫和佐證自身想法、改變例子來回應不同意見、指出反例來顯示對手的缺陷。並且，你也可以感受到，抽象的哲學戰場，如何隨著例子一一出現，逐漸浮現明確輪廓。舉例是論證和說明的好方法，不但寫哲學書的時候好用，在講解、溝通的時候一樣好用。

因此，閱讀本書的另一種方式，是假想自己身為擔負說明任務的教師、業務、溝通者，來注意布倫南如何發想和修改案例來推進論證、把討論聚焦在他想要強調的差異上。

從《暴民法》學寫作

《暴民法》在內容上有獨創想法，在形式上易於閱讀，這不但仰賴哲學功底，也仰賴寫作能力。因此，閱讀這本書的第三種方式，是作為寫作者或論述者，去注意：

作者如何使用例子和對比來說明論點。特別是頁三七和頁八〇提到的主要案例。

作者如何精準刻畫他的想法、強調自己的立場包含什麼不包含什麼。例如頁四五—四六對「道德問題」和「實證問題」的說明。

作者如何將背景知識融入敘述，讓沒有背景的讀者也能順利前進。例如頁一一一關於「證明X」和「證明非X」差異的說明、頁一四一關於理論和實踐差異的說明，以及頁一七五對正反主張差異的說明。

此外，也可以注意作者如何藉由讓步來確認自己論點的攻擊範圍。例如頁一一二關於「就算政府有某種權威性」的假設性討論。

你會發現，這些技巧不但可以用於哲學文章，也同樣可以用於作業、論文、工作報告、筆戰和日常溝通。

道德思量的基礎

最後，我想補充一個道德哲學的基本想法，希望對沒背景的讀者有點幫助。如同閱讀其他道德哲學著作，有些讀者可能會有一種困惑。布倫南聲稱要反駁某些「一般人常見的看法」，但他的反駁模式幾乎都包含：

舉出類比案例。

判斷一般人在這些案例當中會怎麼想。

例如布倫南描述虛擬角色「安」眼見蒙面男子即將射殺公園裡的孩子，並主張「在上述例子裡，我們會說安有權殺死這些壞人」。然而，如果作者可以「決定」一般人在這些案例當中怎麼想，乾脆直接「決定」一般人會支持作者的結論，省下中間的推論，不是更快嗎？

其實，道德哲學家使用案例來建立論證，是因為除了案例，我們幾乎沒有其它線索了。道德哲學家並不是憑空創造道德理論，而是考察一般人對種種案例的直覺判斷，嘗試歸納出道德原則。這是一種「逆向工程」，類似語言學家觀察一般人如何使用語言，並歸納出文法規則。因此，道德哲學家進行論證時，往往會預設「一般人在特定情況下會做出什麼直覺判斷」，並以此出發進行推論。當然，天下沒有白吃的午餐，當哲學家預設的判斷跟一般人差太遠，論證就不會有說服力，因為大家會因為如此不接受前提。

然而，當哲學家預設的判斷跟一般人相符，論證的威力就會顯現出來。如同布倫南所做的，若你同意安可以為了拯救無辜的小孩而槍殺綁匪，你似乎也應該同意安可以為了拯救無辜的小孩而槍殺警察。如果你同意前者，不同意後者，那麼身為一個講理的人，你似乎有責任說明兩個案例當中有什麼重要差別，以致我們該做出不同判斷。道德總是有爭利，因為每個人對於同一個案例的直覺可能不同，但道德爭議有化解的可能，因為我們至少認為，同一個人對於道德上類似的案例，理當做出類似的判斷。當布倫南和其他討論道德的哲學家使用對比案例，它們就是在使用這些規則推進討論。理解了這些原理，相信讀者更能掌握布倫南的推論，也更能察覺和思考書中某些（在我看來）對一般人來說可能比較有疑義之處，例如第五章對艾斯倫論證的批評。

最後，有些人可能會擔憂，若許多讀者被布倫南說服，認為自己在必要情況下有權暴力反抗政府，會不會提高犯罪率，造成社會動盪不穩定？在這裡，布倫南的初步回應值得我們思考：是偶爾反抗政府比較危險呢？還是從頭到尾都服從政府比較危險呢？畢竟民主政府做過的壞事，歷史上每個國家都可信手拈來，而當初那些壞事，若有關鍵人物挺身（或偷偷）反抗政府，或許就不會發生。純粹以後果論，反抗比較好還是服從比較好？這是經驗問題，布倫南把論證鋪在書裡，把判斷留給讀者。

在《暴民法》裡，布倫南用抽象的哲學說明現實的問題，並展示推論過程供人理解和批評。我希望我的說明能協助讀者享受這本書的論證，思索這個社會的將來，最後也提醒大家：跟朋友吃宵夜的時候，慎選話題。

引言
危險的哲學

西方哲學其實不是從蘇格拉底開始的，不過反正他已經變成某種創世神話了。蘇格拉底是個討厭鬼。他會四處去挑戰雅典城內最有智慧的人，證明他們其實連自己專業領域裡看似簡單的問題都答不出來。虔誠的人不知道什麼是虔誠，公正的人不知道什麼是公正。我們對於自己想當然耳的事其實一無所知，甚至無法證明自己的基本假設是對的。

雅典人當然不喜歡他幹這種危險的事，於是把他殺了。哲學不只對哲學家而言很危險，對其他人來說也很危險。

哲學挖出隱而未顯的想法，揭露我們忽視的矛盾。很多看起來必定如此之事，仔細一想皆未必如此。很多時候，我們的核心信念不過是一團亂麻。

我們想要理清亂麻的時候，可能會犯下危險的錯誤。有些國家即便到了今天，都還受哲學家過去犯的錯誤所害。

但與此同時，如果不往前探索，不改變我們的道德觀，人類就不可能進步。總體來說，如今我們的生活比一千年前的祖先更好，社會也更為正義。我不想把所有，甚至大部分的功勞歸給哲學家，但他們的確做出了某些貢獻。例如我們現在已經不再把政府代理人視為神任命的領主，而是視為人民的公僕。

如今我們也把地球上的每一個人視為同一個道德社群的同胞，不再像大部分的祖先那樣，認為自己的道德不需要去管那些「野蠻人」。我們也了解到，政府領導人和平民在道德上基本上是平等的，適用相同的道德標準。

哲學經常會處理危險的問題。例如世界上有沒有神？人類的生命權從哪一刻開始？我們擁有哪些權利，這些權利有多強，在什麼情況下可以被政府或其他人推翻？戰爭需要遵守哪些原則？為什麼性侵、偷竊、殺人是不對的？成為道德受體（moral patient，我們對其擁有道德義務）的條件有哪些？形成道德主體（moral agent，承擔道德義務者）的條件又有哪些？人類、動物、植物的生命有什麼價值？什麼時候可以使用暴力，暴力在什麼時候有正當性？

這些問題之所以困難的原因之一，就是我們大部分人在這些問題上的信念與直覺，往往自相矛盾。大部分人對這些問題的答案，都蘊含了某些自己應該不會接受的看法。

例如生物倫理學家彼得・辛格（Peter Singer）問過讀者，為什麼你相信人類擁有某些牛沒有的權利。大部分人的答案都是「嗯，人類有自由意志，牛沒有」、「人類的智力高到足以擁有權利，牛沒有」之類。辛格進一步問道，所以你認為我們可以拿嚴重智能障礙的人進行任何醫學實驗，或者吃掉他們囉？反正他們不具備擁有權利所需的特質嘛？上述這種說法當然會讓許多讀者很不舒服，但我們必須要有這種不舒服，才能進一步思考權利從何而來，以及權利屬於那些人事物。

這本書也提出了一個相當簡單，但可能很危險的觀點：在面對**平民**時，你擁有多少自衛和保護他人的權利，在面對**政府代理人**時，你就擁有同樣程度的權利。保護自己和他人不受政府代理人所侵害的道德原則，和保護自己和他人不受平民所害的道德原則是完全一樣的。即便政府代理人是根據自己的職位做出符合法律的惡行，此時依然與民同等。而我主要的論證方式將指出，沒有其他健全（sound）的道理，可以對這個問題採取其他立場。

本書的論證可以推導出某些直截了當的危險結論。如果我的論證正確，就表示警察對你執法過當或試圖以不成立犯罪的罪名逮捕你的時候，你可以自衛。同時這也表示，政府職員可以顛覆同事或長官的不公不義行為。而且如果政府代理人會以不公不義的方式使用你的資訊，你就可以欺騙他們。

不過，推論時要小心。

我的論證是在討論自衛與保護他人。霸凌者推你的時候你出手反抗，叫做自衛。兇手試圖搶劫時你阻止他，叫做保護他人。但如果在事發一年後，你在霸凌者或搶劫者沒有傷害他人的時候去打他們，那就不叫自衛或保護他人，而是報復或私刑。本書沒有討論私刑，它和自衛是兩碼子事。

我們在最近幾年，可能都看過了警察過度執法的影片。我的確認為旁觀者在某些情況下有權使用暴力，甚至有權使用致命武力來阻止警察施暴或殺害平民。但如果你在事過境遷之後主動攻擊施暴的警察，就變成報復或私刑了。這並非本書要辯護的對象。

另外，自衛不同於革命或暴力社會變革。本書討論的原則，只涉及我們可以用什麼方法保護自己或他人不受直接的不正義威脅。我並沒有論證是否應該用暴力、顛覆、欺騙的方式，來改變政府形式、統治者、法律、司法系統。

本書是一本哲學書，不是自衛手冊。我建議各位在套用本書觀點時，要特別小心謹慎。首先，我的說法可能是錯的（我自己不這麼認為，但事實上有可能）。其次，即便我的說法沒錯，我們在激情之下往往也很難正確套用道德原則，而且你自己也可能會犯錯。第三，雖然我認為我們有權行使某些防禦性行動，但政府肯定不會同意。例如我認為，道德允許我們在羅德尼·金（Rodney King）*這類事件中阻止警察。但我們介入時，警察可能會暴力回擊，而且介入的人可能會吃上官司，甚至被殺。有些時候，現實會讓道德上允許的事情變得有勇無謀。

哲學的某些任務，是用批判的角度檢視我們最基本的假設，看看它們是否禁得起推敲。但這幾乎一定會讓人火大。

有些時候，原本看來只會出現在象牙塔裡的東西，會突然出現在政治上。哲學家在二十世紀後半葉，曾爭論刑求是否一定是錯的；如果我們在「定時炸彈」思想實驗（ticking time bomb）中用刑求的方式從恐怖分子那裡逼出炸彈的資訊，那麼我們的行為也許就是可受允許或情有可原的。後來有一天，美國開啟了一場「反恐戰爭」，於是上述這些討論突然變得一點也不象牙塔了。

「電車問題」（Trolley Problem）如今也走入了現實。哲學家菲莉帕・富特（Philippa Foot）在一九七八年想出了這個問題。她先提問，如果一輛失控的火車即將壓死五個人，你當下唯一的選擇就是拉動一個開關，讓火車開往另一條軌道去撞死一個人，你應該拉開關嗎？這時大部分人都說「應該」。然後她又問，如果把選項換一下，你唯一的選擇不是拉開關，而是把一個胖子從橋上推下去擋住火車，你認為可以推嗎？這時候，大部分人卻說「不可以」。但這兩種狀況的差別究竟何在？電車問題有幾千種變體，很多人原本都以為研究這類問題的「電車哲學」（Trolley-ology）毫無意義。結果我們現在有自動駕駛汽車了，得在程式碼裡告訴汽車碰到類似的問題該怎麼決定。這個假設性的問題，也忽然變成了現實的問題。

本書的靈感來自真實世界，討論的也是現實中的問題，但我必須說清楚，我對政府代理人通常並無惡感。我認為我們應該表揚人們做的好事，追究人們做的壞事，無論這些人是誰。在道德裡，每個人基本上都是平等的。這本書就是想認真地探索，道德平等究竟是什麼意思。

---

* 編注：一九九一年發生於洛杉磯，非裔美國人羅德尼・金因超速被警察攔下後拒捕，於衝突中因過度暴力執法而身亡。涉案的四名警察於一九九二年獲判無罪，引起社會強烈抗議，引發了洛杉磯暴動。

第一章

第四種選擇：反抗

某一天，你看見警察攔下了一名開著銀色現代汽車的黑人男子（就叫他理查吧）。[1]警察對理查說，你的車在路口的紅綠燈停下來右轉之前，稍微越過了白線（但理查明明有打方向燈）。警察叫理查走出來，於是他默默地照做。但就在理查走下車的時候，其中一位警察翻過他的身體、扣住雙手，將理查整個人重重按在車上，然後又把他翻回正面，開始打他的臉、踢他的下體。理查一邊尖叫，一邊舉起手臂保護自己。此時另一個警察卻跑了過來，一起把理查壓在地上繼續拳打腳踢，還抓他的臉去撞地面。理查再次想舉起手臂保護自己的臉，警察卻大喊：「不要反抗！」於是理查不再反抗，雙手放在背後，任憑兩個大塊頭警察把他壓倒在地，另一名警察繼續打他的後腦勺。

就你目前所見，再這樣打下去，理查就要受重傷、變成殘廢或丟掉小命了。而且理查明明什麼罪都沒犯。這時候，你突然想到自己帶著武器，如果介入的話，也許可以救理查一命。那麼，你可以出手嗎？

本書要給你一個很有爭議的答案：出手吧。

在這種時候，你為了救理查而攻擊警察是正當的，警察是防禦性暴力（defensive violence）的正當目標。

叛離、抗議與忠誠

在現實世界的民主社會中，掌握權力的人（包括總統、官僚、法官、警員、中央情報局探員，甚至是民主制度〔democratic〕的選民），幾乎每天都在以極不公不義、極不負責任的方式濫用權力。因此政治哲學的迫切問題之一，就是去回答一般公民有權用哪些方式回應不正義。

政治經濟學家阿爾伯特・赫緒曼（Albert Hirschman）在名著《叛離、抗議與忠誠》（*Exit, Voice, and Loyalty*）中指出，公司的客戶或組織的成員在發現公司或組織從事不良行為時，主要的反應可以分為三種。[2]第一種是「叛離」，也就是顧客停止購買公司的產品，或者成員（例如員工）離開組織。第二種是「抗議」，也就是對組織內部的人（例如握有實權的人）抱怨，或發起公開抗議。第三種是「**忠誠**」，也就是儘管知道公司或組織有缺點，依然不離不棄。然而，赫緒曼並沒有說忠誠一定是站在叛離或抗議的對立面。事實上，忠誠的反應，反而會讓抗議的聲音更強，或讓叛離的威脅更有力。

許多哲學家和一般人似乎都認為，我們回應政治壓迫或不正義[*1]的方式，僅限於叛離、抗議與忠誠。其中有些人認為我們有義務[*2]參與政治、參加抗議、加入選戰、用政治方法改

---

*1 譯注：本書交替使用 unjust 與 injustice 兩個詞。為了方便中文讀者檢索，經審訂者楊理然建議，injustice 一律採取較通行的譯法，譯為「不正義」，unjust 一律譯為「不公不義」。

*2 譯注：本書交替使用 duty 與 obligation 兩個詞。為了方便中文讀者檢索，在不影響中文使用習慣時，均譯為「義務」。political obligation 則經推薦人葉浩老師建議，均譯為「政治義務」。

變社會；[3]某些人則認為這些行為雖然值得稱讚，但不是我們的義務。大多數人都認為，面對這些問題時我們可以默不作聲或者移民到其他國家。他們通常都假設或斷定，政府發布不公不義的命令、做出不公不義行為、通過不公不義的法律時，我們只能乖乖服從、抗議，或遠走他鄉。他們認為我們通常應該遵守法律。而且如果在抗議行動中違法，就應該承擔後果，包括接受懲罰；[4]而且通常也都認為，我們無權反擊政府代理人，尤其是民主政權的代理人。

不過，這個世界上有所謂的防禦性暗殺（defensive assassination）和防禦性殺人（defensive killing）。例如安德魯・阿特曼（Andrew Altman）和克里斯托弗・威爾曼（Christopher Wellman）就認為：「我們當然有權暗殺一九三〇年代的史達林（Joseph Stalin）。」[5]不過，如果我們可以暗殺史達林，那麼如果必須殺了某個政府官員才能阻止他傷害無辜，我們是否也有權這樣做？如果我們有權為了阻止希特勒（Adolf Hitler）入侵波蘭而暗殺他，我們是不是也有權為了阻止他入侵菲律賓而暗殺他？是否也有權為了阻止他下令進行種族屠殺或強迫少數族群遷徙而暗殺他？如果我們有權為了阻止蓋世太保（Gestapo）殺害無辜民眾而殺了他們，那我們是否也有權為了阻止警察過度使用暴力而殺了警察？

正如前文所言，哲學家和一般人對這些問題的答案通常是「否」。他們假設或主張，自由民主國家的人民只能用非暴力的方法反抗國家的不正義。即便民主政府的代理人做出極為不公不義、極為有害、極具破壞性的行為，我們依然必須服從。

這實在很讓人費解。目前的主流觀點認為，我們必須用另一套道德原則，來判斷是否人們有權對政府代理人行使防禦性暴力、欺騙、破壞，或者刻意逃避責罰。也就是說，如果攻擊我的人身穿制服、擔任公職，或者是由我的鄰人票選出來的，那麼我可能就無權在防禦時撒謊、刻意欺瞞、搞破壞，或殺害攻擊者。根據這樣的主流觀點，我的鄰人只要讓某人擔任公職，就可以剝奪我保護自己或他人不受這個官員傷害的權利。[6]這實在太詭異了，畢竟如今幾乎每個人都知道法律並不等於正義，而且有時候法律真的很不公不義。

本書支持的回應方式並非叛離、抗議或忠誠，而是第四種選擇：反抗（resistance）。[7]我將許多不同的行為都歸類為「反抗」，包括消極的不服從（在不被抓到的前提下，技術性地犯法或無視國家命令），以及更積極的反抗，例如攔截警車、破壞或摧毀政府財產、欺騙政府代理人，甚至是攻擊政府代理人。我主張這種形式的反抗通常都是正當的，而且即使是在相對而言政府相當正義（just）的現代民主國家，只要國家做出不正義之舉，這種形式的反抗依然是正當的。

政府的神奇防護罩：特殊豁免論

每種意識形態的幾乎每一個人，都相信政府代理人身上罩著某種道德魔法力場，即使做出不義的行為，也應該獲得特殊待遇。一般的觀點不但認為政府代理人有某種特權，可以做出一些只要是平民去做就顯得很邪惡，或顯得無法容忍的不公不義之舉；而且還認為政府代理人為惡的時候有某種豁免權，我們不可以**阻止**他們。也就是說，政府代理人**可以**做出不正義之舉，而我們只能乖乖站在旁邊**看著他們得逞**。

好吧，也許「看著他們得逞」有點誇張。

大多數人都認為我們可以**抗議**政府代理人的惡行，也可以向**其他**政府代理人投訴，請他們懲罰同事的不良行為。有些哲學家則更進一步主張，政府行為不當時，我們有道德義務抗議、寫信給報社編輯或參議員、投票給更好的候選人。[8]不過儘管如此，他們還是認為我們不該自己出手**阻止**這些惡行。

然而，我們並不會這樣看待一般人的不正義之舉。如果有人想傷害你，沒有人會說你無權反擊，也沒有人會說你應該任由惡徒傷害你，然後等警察過來再把他繩之以法。

某些政治哲學家和一般人看到這裡會嗤之以鼻，因為關於「政府代理人有神奇防護罩」這個主張，他們認為有更溫和且更合理的版本。他們既不認為所有政府機關、政府代理人、政治人物都擁有為惡的特權，也不認為我們該袖手旁觀讓所有政府代理人作惡。他們會說：「在我們看來，只有**民主的**政府、政府代理人、政治人物身上才罩著某種神奇的道德魔法力場。這種特權既讓他們不受一般道德義務規範，也要求其他人**放任**他們為惡。但不民主的政府與政府代理人，當然就沒有這種特權。」

因此，下面我要用四個思想實驗，來解釋我所謂的「政府代理人的神奇防護罩」究竟是什麼意思：

A 公園裡的槍擊犯

一名蒙面男子從黑色貨車裡出來。他拿著一枝步槍，準備掃射公園裡的孩子。安帶著一把槍從旁邊經過，在槍擊犯殺死無辜孩童之前擊斃了他。

B 派對裡的醉漢

羅尼在派對上喝茫了，拿著火炬在屋子裡跑來跑去，大喊著：「你們看，我變成霹靂火（Human Torch）[*3]了！」其他四個客人把羅尼趕出屋子，不讓他引起火災，但卻在盛怒之下打倒了他，踢他的臉和肚子且棍如雨下。安看見羅尼已經被制伏了，而且打他的四個人身上都有槍。於是安掏出自己的槍，警告那四個人住手。這些男人不理會安，她只好瞄準其中一個人開槍，阻止這些人繼續打，畢竟他們一不小心可能把羅尼打死。

C 健康主義狂人

健康生活大師約翰，真心相信咖啡因對健康不好、會讓人懶惰，而且會讓人容易接近真正的毒品。他宣布為了保護鄰人的健康、促進社會公益，從今天開始要和信徒們一起逮捕喝咖啡的人、沒收他們的財產、把他們關在約翰骯髒的地下室好幾年。安喜歡喝咖啡，但窮到無法搬離該鎮，只好每天早上躲在廚房偷偷喝。結果約翰的信徒某一天破門而入，想把安抓起來，安試圖自衛，失手殺了這名信徒。

---

*3《驚奇四超人》（Fantastic Four）的角色之一，全身可以變成火焰。

D 恐怖分子

恐怖組織「眼鏡蛇」的老大寇布拉司令，用各種賄賂、詭計、威脅手段，控制了美國的領導階級。之後他又用這些方法，要求美軍在沒有正當理由下入侵其他國家。他的私人保鑣安，有一天得知寇布拉的陰謀，發現自己保護的人其實是一個大魔王，於是就在寇布拉下令屠殺數百位平民之前，及時從後方開槍擊碎了他的後腦勺。

一般來講，傷害或殺害他人都是錯的。但在上述的例子裡，我們會說安有權殺死這些壞人，因為這是保護自己或他人免於嚴重傷害或嚴重不正義行為最有效的方法。如果安有足夠有效的非暴力手段可以保護自己或他人，她還是應該改用非暴力手段，但如果沒有，她就有權用暴力阻止其他人犯下嚴重惡行。她沒有義務**允許**壞人恣意為惡，也不需要袖手旁觀暴行。

我相信大多數人都會同意，安在上述四個例子中有權殺死壞人。可能只有極端的和平主義者才會說這種情況下殺人依然是錯的。[9]

不過，我們再來看看下面四個例子（A'－D'）。它們各自對應上面的（A－D），唯一明顯的差異，就是犯人是政府的職權（ex officio）代理人（如果你願意的話，請把他們直接想像成**民主政府**的代理人）。然後我得說一下，前三個例子都是從真實故事改編而來：

A' 槍擊廂型車

安在路邊看到一名警察攔下一輛廂型車，裡面坐著一名女性司機，後座有三個小孩。司機兩手空空放在方向盤上。警察從警車裡出來，開始朝廂型車的窗戶開槍。安身上有槍，於是她在警察殺死任何一名孩子之前，先向警察開槍。[10]

B' 喝茫的駕駛

羅尼酗了整夜的酒，然後在高速公路上超速。警察想把羅尼攔下來，但羅尼不聽，和警察展開一場飛車追逐。最後警察還是把他攔了下來，但卻不只是把羅尼從車裡拖出來上銬，而是在制伏他、讓他趴在地上之後，輪流用警棍毆打。看見此情景的安，大喊著請警察住手，警察卻不理她。於是安只好掏出武器朝其中一名警察開槍，阻止警察繼續打，畢竟他們一不小心就可能把羅尼打死。[11]

C' 向毒品宣戰

鎮長決定立法禁止吸食大麻，但絕大多數的證據都證實，大麻在各方面的危害都小於每個成年人能自由使用的某種毒品：酒精。[12]安在家裡藏了一罐大麻。某天晚上警察不先敲門就直接闖進她家。安知道這些人是警察，也知道自己一旦被捕，就會坐很久的牢。她的政府對持有毒品的人判處過重的刑責，而當地公民要求修改法律，但政府置之不理。於是安決定拒捕，並溜之大吉。[13]

D' 好戰的政府

祕密探員安，在軍情室聽到總統命令軍隊在沒有正當理由下入侵其他國家。明明房間裡的將軍和其他專家都明白指出，這個命令會殺害數百位無辜平民，總統卻依然要下令。於是安在總統下令之前即時出手打昏了他。

人們對這四個例子的看法，往往與前四個例子不同。他們認為第一組例子中（A－D），我們可以為了保護自己或他人而出手干預，但在第二組例子中（A'－D'）干預就是錯的（至少某些例子是錯的）。然而A'－D'的每個例子，至少乍看之下都和A－D很像。唯一的差異是A－D的壞人是平民，而A'－D'的壞人是政府的職權代理人。

同樣地，大多數人也會在其他事情上抱持雙重標準。他們允許我為了阻止黑手黨傷害無辜百姓而對他們撒謊，卻不允許我為了同樣的目的，對加拿大選民撒謊。他們允許我為了阻止黑手黨傷害無辜百姓，入侵並破壞黑手黨的電腦、（如果我在金融公司的話）竄改他們的財務紀錄，卻不允許我為了阻止德國政府傷害無辜百姓而做同樣的事情。他們允許我為了阻止黑手黨傷害無辜百姓，摧毀黑手黨的軍械庫，但即使英國陸軍即將發動一場不公不義的戰爭，他們也不允許我摧毀英國陸軍的武器。

如果不把所有細節都列出來，人們可能會說，這兩組例子不能在道德上相提並論，因為如果我們仔細比對，就會發現兩組例子並不相似。另外，也有可能A－D與A'－D'真的就是沒那麼像。為了回應以上這些疑慮，本書將一一檢查兩組例子之間是否有任何重要差異。

無論如何，現實世界中的政府（包括民主政府）似乎還是做出了許多不公不義到極點的行為。如果民間代理人想要做那些行為，我們就會認為在必要的情況下，可以為了阻止這些行為而欺騙他們、破壞計畫、使用暴力。但在此同時，人們卻出於各種原因，認為政府或政府代理人做這些行為時，我們應該**讓他們得逞**。他們雖然允許我們事後抗議，甚至要求我們必須抗議，卻又說我們不能自己出手**阻止**。

因此我可以說，許多人都相信我所謂的「特殊豁免論」（special immunity thesis）。該理論認為，我們在干預、試圖阻止、反擊政府職權代理人的不正義之舉時，需要額外負擔更多的責任才能說明自己是對的。

特殊豁免論

政府代理人（或至少是民主政府的代理人）享有一種特殊豁免權，可以免於其他人以護衛自身或別人為由，欺騙、顛覆、攻擊，或殺害他人。政府財產也擁有某種特殊豁免權，免於被毀損、破壞、摧毀。如果人們想要為了護衛自己或他人，而欺騙、顛覆、使用武力對付政府的職權代理人，或者摧毀政府財產，其條件必須比欺騙、顛覆、攻擊、殺害平民，或摧毀私人財產的條件嚴苛許多。

然而，我反對這種特殊豁免論，並主張以下的「道德平等論」（moral parity thesis）：

道德平等論

允許人們為了護衛自己或他人，而欺騙、顛覆、攻擊、殺害政府的（當然）代理人，或摧毀政府財產的條件，與允許人們欺騙、顛覆、攻擊、殺害平民，或摧毀私人財產的條件相同。

道德平等論認為，正當護衛自我或他人免受政府代理人傷害的條件，與正當護衛自我或他人免受平民傷害的條件相同。

為道德平等論辯護

本書的主要結論很簡單：

- 特殊豁免論是錯的。
- 道德平等論是對的。

我認為政府官員（包括民主政府賦予職權的人）不具備特殊道德地位可以讓他們免受防衛行為傷害。在道德上，無論政府官員做出**任何**不正義行為，我們每個人都可以用對待一般民眾的方式回應。我們可以對一般民眾做什麼，就可以對政府官員做什麼；可以用什麼方式回應一般民眾的不正義之舉，就可以用同樣的方式回應政府官員。政府官員行為不當時，並沒有比一般人有更多道德特權。

道德平等論認為，民主政府的代理人、財產、機構，都和一般私人單位一樣，屬於防禦性欺騙、防禦性顛覆、防禦性暴力的正當目標。我們可以使用相同原則，來解釋何時能運用防禦性暴力與顛覆對待一般民眾，何時又能用這些手段對待政府代理人。政府代理人（其中還包括投票時的選民）與一般人在做出相同的不正義行為時，應受平等對待。

某些人可能會覺得這種說法不會造成什麼爭議。但如果你用現實的角度來想想政府通常都做些什麼事，再想想一般常識允許我們什麼時候出於自我防衛而欺騙、顛覆、使用暴力，就會發現道德平等論會導出一些讓人不大舒服的麻煩結果。例如：

1. 即使某些不公不義的戰爭擁有廣大民意支持，而且獲得法律批准，我們依然可以為了阻止戰爭而暗殺打算開戰的總統、民代、將軍。而且，如果政府代理人要在正義的戰爭中發布明顯不正義的命令，我們也可以暗殺他們。
2. 如果你因為違反邪惡或不公不義的法律（例如將大麻或同性性行為列為刑事罪責）而即將被逮捕，你可以運用武力拒捕。[14]
3. 如果你因為做了某些不應該被列為刑事罪責的事情（例如在一八五〇年代的美國窩藏逃跑奴隸，或在一九四〇年代的英國進行雙方同意的同性性行為）而即將被監禁，你可以試圖逃跑。

4. 政治候選人有時候可以欺騙無知、不理性、抱持惡意的選民，藉以避免這種選民恣意妄為。
5. 企業或個人可以用謊言來應付那些不正義或苛刻的法律規範。
6. 我們可以潛入軍隊或政府，從內部顛覆某些行為。
7. 碰到不公不義的稅，我們可以逃稅。
8. 士兵可以無視不公不義的命令。某些情況下可以制伏或反抗發布這種命令的上級。某些情況下也可以殺死試圖執行這些不公不義命令的同袍。
9. 你可以用武力阻止警察過度施暴。
10. 我們可以搜尋、竊取某些政府機密，並將其公開。朱利安・阿桑奇（Julian Assange）[*4]、愛德華・史諾登（Edward Snowden）[*5]、雀兒喜・曼寧（Chelsea Manning）[*6]披露的某些情報，甚至所有情報都符合其要件。
11. 美國最高法院或同等級別的法官，可以在解釋憲法（無論成文與否）允許或禁止的範圍時撒謊。也可以拒絕執行或適用不公不義的法律。

諸如此類。

這些結論聽起來可能很誇張，但只要把一般常識中的道德原則加上道德平等論，就能將之全數推導出來。儘管說謊、顛覆、傷害他人、摧毀物品、殺人通常都是錯的，但常識允許我們在適當的狀況下為了保護自己或他人而做這些事。本書結論之所以看起來過於激進，只是因為我們通常都以為，政府代理人需要遵守的道德標準**低於**一般民眾需要遵守的道德標準，加上政府代理人享有某種免於被自衛行為所傷的特殊豁免權而已。但這些假設全都沒有根據。哲學家花了兩千五百年試圖幫這些假設辯護，從來沒人成功。

更精確地來說，道德平等論只告訴我們政府代理人與一般民眾做壞事的時候應獲得同等對待。本身並沒有說我們應該如何阻止人們做壞事。它只說身為政府代理人，並不會讓你在做壞事時擁有不被干涉或不受暴力對待的特權而已。因此如果要知道政府代理人做壞事時我們可以怎麼對待他們，還需要額外回答兩個問題。一個是倫理問題，一個是實證問題：

- **道德問題**：一般民眾或一般民間團體，在什麼狀況下可以為了保護自己或他人而欺騙、顛覆、摧毀物品、攻擊他人、殺害他人？
- **實證問題**：上述的狀況有多常發生？

---

*4　譯注：情報網站「維基解密」（WikiLeaks）的創辦人。

*5　譯注：前美國中央情報局職員。披露美國網路監聽計畫「稜鏡計畫」（PRISM）的祕密文件而被英美兩國通緝。

*6　譯注：前美國陸軍。將巴格達空襲、格拉奈空襲等美軍醜聞公開給維基解密，被判刑三十五年，後被特赦出獄。

嚴格來說，我在本書中對這兩個問題都保持中立。本書幾乎所有論證都是用來捍衛道德平等論，以及道德平等論的隱含結果（implications）。雖然這麼說，對於上述的道德問題，我還是會預設並討論一些比較沒有爭議並符合常識的解答。之後的幾章會提到，人們在此道德問題的某些細節上抱有不同的立場，但我將對大部分的內部爭論保持中立。

防禦性行動 VS. 公民不服從

本書將提到一種稱為「防禦性行動」（defensive actions）的行為。我將人們為了保護自己或他人而撒謊、欺騙、偷竊、顛覆、摧毀物品、攻擊，或是殺害他人的各種不同行為，統稱為防禦性行動或「防禦性反抗」（defensive resistance）。並將其中保護自己或他人而摧毀物品、攻擊或殺害他人的行為，特別稱為「防禦性武力」（defensive force）或「防禦性暴力」（defensive violence）（也就是說，防禦性暴力一定是防禦性行動，但防禦性行動未必是防禦性暴力）。我的主要論點是，政府代理人遭遇防禦性行動時不具備特殊豁免權。

不過，本書並不討論公民不服從（civil disobedience），至少不討論哲學家與法學家通常專指的那種公民不服從。正如哲學家金柏莉・布朗利（Kimberly Brownlee）所言，進行公民不服從的人：「通常既要回應過去，也想改變未來。他除了要拒絕並譴責某條既有的法律或政策，也想要讓公眾關注這個問題，藉而影響未來的法律或政策。」[15]公民不服從是一種公共行動。這麼做的公民在公開違反法律或規範時，都希望吸引人們的注意，期望大眾會因為其不服從行為而支持他之所以這麼做的理由。這樣的公民通常都會承受隨之而來的懲罰，但這不一定是因為他們認為處罰合理，而是因為他們相信這些懲罰能夠證明自己的真誠無私，或者能讓一般大眾因羞愧而改變立場。公民不服從的最終目標是改變法律、規範、社會習慣、撤換政府領導人、改變政府體制、脫離國家或政府。簡單來說，公民不服從是一種引發社會或政治變革的方法。

在這本書中，我並不討論公民不服從在道德或策略上有多大的效益。本書的主題是保護自己與他人不受不正義（injustice）行為所害，不是引發社會變革。以下兩個例子可以告訴我們兩者有何差別：

呼麻抗議會

修改大麻管制法全國組織（The National Organization for the Reform of Marijuana Laws）、大麻政策計畫（Marijuana Policy Project）、理性藥物政策學生聯盟（Students for Sensible Drug Policy）這些呼籲大麻合法化的倡議團體，聯合起來舉辦了全國性的「呼麻抗議會」（smoke－in）。他們召集了一百萬人聚集在華盛頓特區的國家廣場（National Mall），一同公開呼麻。參與群眾自願舉著標語，說明自己的職業與生活型態，藉此說明各式各樣的人（包括高社經地位人士）都會呼麻。召集人找來大量媒體報導這次活動。參與群眾也同意不會拒捕。一些人權團體則同意為任何因此被捕的人提供法律支援。

拒絕非法逮捕

安在大街上被一位警察攔下來，因為警犬嗅出安身上有毒品的味道。事實上，安的口袋裡真的有幾根想在家裡抽的大麻。警察要逮捕安，但安拿出了胡椒噴霧，噴了警察和警犬滿臉，然後逃跑了。

第一個例子是公民不服從，第二個例子則是防禦性行動（你喜歡的話，也可以叫它「不文明的不服從」〔uncivil disobedience〕）。第一個例子的參與群眾想要改變法律。第二個例子的安並沒有想要改變相關的法律，只是不想被不正義的法律管束，所以保護自己而已。

倘若一切手段均告無效：但在反擊前也請多想想這些道德忠告

暴力、欺騙、破壞、顛覆未必是我們的最後手段，不過幾乎不會是我們的優先考量。正常運作的社會，會給我們一些方法來解決爭端和分歧，不需要用到暴力。而且正派的人都會盡量避免用暴力解決問題。通常暴力愈少愈好。即使別人使用暴力，我們最好也不要以暴制暴。有時候我們會被迫使用暴力，但那不會是什麼值得慶祝的事情。

一般來說，如果事情能夠和平解決，就不要動手（有時候我們甚至會禁止動手）。當我們遇到某些不正義之事時，最好的解決方法甚至會是悶著頭忍耐、接受它，或者無視它。普遍而言，只要有非暴力的方法能夠調解或解決衝突，我們就應該要使用。有時候，即便別人做出錯受的妥協方案。

誤的決定，我們也應該接受。而且，人們對正義的基本觀念經常不相同，對相關事實的認定也經常有差異。因此，法律的主要優點並非能夠做出完全正義的判決，而是能提供一個人人都接受的妥協方案。

這些原則也適用於人際衝突。假設你的車撞了我的車，造成的傷害實際上值三千美元。但我們倆的保險公司和一位無私的調解人，在善意中把賠償的金額錯算成二千七百美元，那我應該自認倒楣，不該駭進你的銀行帳號拿回剩下的三百美元。

同樣地，如果國家為惡，我們也應該用這些原則來處理衝突。本書不是想呼籲大家一旦被國家欺壓就去燒掉首都，或對警察使用私刑，並且希望大家用對待彼此的方式去對待政府與政府代理人。本書要說的，只是政府代理人並未享有特殊豁免權，如果他們做了壞事，我們有第四種選擇：反抗他們。

接下來我要點出一些思考這類問題時需要注意的重要觀念。某些非暴力是**原則**，某些非暴力是**策略**。馬丁·路德·金恩（Martin Luther King Jr.）提倡的非暴力抗爭應該就屬於**策略**這種思維，認為和平手段比較容易成功，所以推動社會改革的人應該避免使用暴力。[16]金恩相信非暴力的抗爭比較容易激起他人同情，例如在家裡看新聞的人，會覺得即使被警察攻擊也不反擊的抗議者相當高尚，於是更可能支持抗爭。如果抗議者反擊，電視機前的觀眾可能會覺得他們被打是罪有應得，於是更傾向站在警察或國家那邊。此外，堅持非暴力抗爭策略的抗爭人士擔心，如果公民遇到不正義時做出反擊，政府或其代理人可能就會用更不正義的方式**報復**。

上面這些主張非暴力策略的說法，都認為非暴力比較「有效」。但主張非暴力是原則的人，則是認為無論暴力手段的「效果」如何，它本身就是錯的。例如重洗派基督徒（Anabaptist）堅持和平主義，即使遇到壓迫也拒絕反抗。原因並非在於他們相信壓迫者會因此蒙羞而改變做法，而是因為他們相信防禦性暴力本身就不對。他們堅守基督的教誨，認為有人打你臉的時候，呃，你應該把另外半邊臉也轉過來讓他打。

本書的主題，是討論我們是否可以，或是否應該使用防禦性的暴力、欺騙、顛覆來阻止不正義的行為。我沒那麼想要建構一套社會改革的理論，去解釋怎樣的做法才是改變法律、制度、現有社會規範的最佳方式。[17]

話雖如此，本書會提到許多反對防禦性暴力、欺騙、顛覆的說法，也會提到各種支持特殊豁免論的論證。看到這些論述時，請注意它們主張的究竟是非暴力策略，還是非暴力原則。例如「你持有大麻而被警察抓的時候最好不要拒捕，否則大眾會更不支持大麻除罪化運動」所主張的就是非暴力策略。但是「你持有大麻而被警察抓的時候最好不要拒捕，因為警察有權要求人民服從」則是從原則上就不同意人民反抗政府。

另外，以下提到的這種差異也很重要。還記得範例A'嗎？

A' 槍擊廂型車

安在路邊看到一名警察攔下一輛廂型車，裡面坐著一名女性司機，後座有三個小孩。司機兩手空空放在方向盤上。警察從警車裡出來，開始朝廂型車的窗戶開槍。安身上有槍，於是她在警察殺死任何一名孩子之前，先向警察開槍。

反對安開槍的意見有很多種，讓我們來看看其中兩種的差異：

- **道德權威**（**Moral Authority**）：警察開槍射小孩是錯的，但安依然有服從警察的義務。即使她知道警察做錯事，還是不應該阻止這位警察，但她可以／應該將此事通報警察的上級。
- **知識不確定性**（**Epistemic Uncertainty**）：警察通常不會刻意殺害無辜的民眾。雖然眼前的警察看起來就是在做這種事，但安依然應該假設警察是真的有理由才會開槍，只是她不知道理由為何而已。至少在進一步了解情況之前，安不應該殺死這名警察。

這兩種反對意見背後的理由不一樣。

第一種說法是依據某種道德原則，主張拿槍射警察本身就不對。即便安知道警察正在做錯事，依然有義務讓他得逞。這就像即使國王的命令不公不義，君主制的臣民也有義務服從國王。安必須服從警察。

我們可以說，第二種意見針對的是策略而非原則。它並沒有直接說對警察開槍一定不對，而是認為當時的安沒有考量到某些事。這種說法暗示安其實可以開槍，但在開槍之前應該先想一下自己有沒有搞錯。第二種意見認為平民有正當理由拿槍射警察的狀況相當罕見，因此我們在採取防禦性行動之前需要特別小心。比較好的方式，是先假設這名警察有什麼不為人知的正當理由。

我們會在第四章進一步探討知識不確定性和道德謹慎論（moral caution）的問題。我同意所有試圖欺騙、偷竊、搞破壞、使用暴力的人，在實際動手之前都應該多想一想自己以為對的到底有沒有錯，不要驟下結論。但我會指出，這跟道德平等論並不衝突。

第二章會提到防禦性行動的常識原則。我會解釋為什麼在正當行使防禦性行動時，並不需要消除知識的不確定性。我們只需要有合理的理由，相信自己必須保護自身或他人，就可以行使防禦性暴力。請注意，有合理的理由相信，並不表示已經**確定**事情為真。舉例來說，假設今晚便衣警察在不敲門突襲（no－knock raid）時，搞錯對象而闖入我家，我從睡夢中驚醒，當下情勢緊急，根本無法確定闖進來的是強盜還是警察。我主張，這種時候我有合理的理由先開槍再說。**所有**可能的負面影響和風險都應該由警察來承擔，所有不確定性帶來的問題都是**他們**的責任，不是我和我家人的責任。

某些我沒說，且相較本書主題並不重要的事

我要先澄清一些誤解。

我不是在幫無政府主義（anarchism）辯護。我同意哲學家格雷果・卡夫卡（Gregory Kavka）的說法：**政府**是社會的子集合，它既聲稱合法壟斷社會中的所有強制力，又擁有（一定程度上）足以維持這種壟斷關係的強制性權力。[18]無政府主義者通常都相信政府本身就違反正義，或者至少相信在通盤考量下，非政府機制保護人們權利、財產、維護公共利益的效果比政府機制更好。[19]我認為，無政府主義者提出的機制是否可行一事，其實遠比大部分人以為的有趣很多，不過本書沒有要處理這些問題。[20]

我會在第三章詳述，為了討論需要，我將假設我們必須有政府、假設政府一般而言都有正當性、假設政府可以訂立並執行法律。為了討論需要，我甚至還會在該章假設政府有權訂立並執行一些有害、不公不義、徹底邪惡的法律。但這都不表示我主張**革命**——也就是推翻政府，或用其他形式的政府或者無政府主義提倡的機制，來取代既有政府。我將解釋，為什麼即使有了這些限制與假設，本書的主要論證依然成立。

另外，本書既不是要幫自由至上主義（libertarianism）或古典自由主義（classical liberalism）辯護，我的論證也並不需要假設這些東西。一般來說，自由至上主義和古典自由主義都對政府與政府的權威抱持懷疑態度。[21]他們並不覺得政府或政府代理人特別偉大，而且覺得「政府只是一個名字，讓我們能藉此做一些大家都想做的事情而已」這種口號根本就是胡說八道。[22]在統計上，這兩派人應該會更容易接受本書的結論。但我在本書提出的論證適用的範圍更廣，與許多不同的政治哲學立場都不衝突，包括左右兩派的無政府主義、左派自由主義

（left liberalism）、進步主義（progressivism）、美國保守主義（US conservatism）、柏克式保守主義（Burkean conservatism）、羅爾斯主義（Rawlsianism）、古典自由主義。[23]

本書不預設任何特定的道德理論背景。我會以許多人都具備的直覺和道德原則作為討論基礎，但不會將這些原則設定在任何道德理論之上。我的推論方式將與各種形式的後果論（consequentialism）、康德主義（Kantianism）、自然法論（natural law theory），以及其他道德理論都相容。但這當然並不表示我說的每一句話都與世界上的每種立場相容。我之後會指出，（也許除了少數情況以外）正義與道德不是光靠法律或民主裁定就能決定的。因此，我的立場將與某些人衝突。

我這麼說不是要逃避問題，而是想點出這個論證中的重點究竟是什麼。大部分的道德理論與正義理論都非常抽象，你拿愛因斯坦的場方程式（Einstein's field equation）去計算一根羽毛掉落的軌跡，很難得到什麼結果。同樣地，拿康德主義這些宏大的道德理論去回答自衛權的問題，也很難得到具體的答案。[24]愛因斯坦的場方程式是在描述通用的時空原則。它非常抽象，並不包含具體的經驗資訊，即使碰到某些與現實世界差異極大的宇宙，例如庫爾特・哥德爾（Kurt Gödel）想像出來的宇宙，也依然適用。[25]因此，我們很難光靠場方程式就知道羽毛怎麼落下，而必須使用更為具體的物理定律和物理模型來計算，這些定律和模型可能相容於牛頓物理學，也可能相容於相對論。

我認為政治哲學與倫理學中大部分，以及那些最有趣的問題也是這樣。我們得用一些比較具體的道德原則來思考這些問題，這些道德原則可能與許多不同的道德理論相容。你即使不判斷弦論是否正確，也能成功設計一臺噴射引擎。同樣地，你即使不判斷康德主義是否正確，也能討論本書提到的道德問題。

為什麼這個問題如今很重要

政治哲學希望找到能夠跨越時空的原理。這本書也是。我相信我在本書中捍衛的基本原則，在兩千年前就已經成立，未來兩千年後也依然成立。

當然，時事讓這些問題如今變得特別有意義。我們每天都看到或讀到警察毆打手無寸鐵的民眾、燒死幼童、掐死非暴力犯罪的嫌犯。[26]美國警察在二〇一五年殺死大約一千人，二〇一六年又殺死了大約一千人。[27]

不幸的是，目前似乎還沒有可靠的數據統計可以確定警察造成的死亡人數是否隨著時間而增減。我們只能確定，目前的美國警察大體來說比四十年前更軍事化而好鬥，但並不確定他們究竟是真的更為暴力、更常虐待人，或者只是因為無所不在的手機鏡頭和社群媒體，讓他們的負面行為更常被看見。[28]

目前無論美國聯邦還是地方政府，都面臨了正當性危機。唐納·川普（Donald Trump）總統，似乎比之前那些同樣大有問題的總統，更樂意無視憲法的約束。

聯邦政府經常想盡辦法繞過正當程序。它一直在監視公民，而且允許自己暗殺他們。[29]它刑求外國人，而且一次又一次發動不公不義的戰爭。民主對這些惡行似乎完全無能為力。許多政府機構都擁有大量自主權，無論我們投票讓誰上臺，都無法阻止這些機構繼續做壞事。

桑迪絲葳・奇穆倫加（Thandisizwe Chimurenga）在最近一期的《反擊》（*CounterPunch*）寫了一篇文章支持黑豹黨（Black Panthers）的做法：「想一想，如果加州公路警察丹尼爾・安德魯（Daniel Andrew）在十號州際公路瘋狂狠揍手無寸鐵的瑪琳・平諾克（Marlene Pinnock）的時候，旁邊的那群路人不只是拿起鏡頭拍下全程，而是拿起手槍對準安德魯要求他住手，把他銬起來，等加州公路警察的上級過來帶走安德魯的話，事情也許就不是今天這樣了。」[30]這類爭議就是本書想討論的主題。雖然我很懷疑把安德魯銬起來會有用（我總覺得警方會派出SWAT特警，把所有涉入此事的路人殺光）；但如果事實的確如他所言，那麼我會同意奇穆倫加的說法。在這種時候，某種形式的武力介入雖然可能過於輕率，但在道德上是可允許的。

YouTube上面有一部警察毆打諾爾・阿基拉（Noel Aguilar）的影片。動手的警察表示他們之所以動手，是因為阿基拉身上有槍而且拒捕。但影片中我們卻看到兩名警察蹲著壓住阿基拉的身體，其中一名拔槍對準他，而失手誤擊同袍之後，這兩名警察都對阿基拉開了好幾槍。[31]

還有一部影片，警員派崔克・菲斯特（Patrick Feaster）用警車追趕闖紅燈的安德魯・托瑪斯（Andrew Thomas），結果托瑪斯撞車，座椅彈了出來，妻子因此喪命。菲斯特的行車記錄器拍下了托瑪斯爬出車窗，手上顯然沒有任何武器的畫面，但菲斯特卻在托瑪斯爬出來的時候，朝他的脖子開了一槍。[32]

人們當然會爭論這些事件背後的真相究竟為何。但我將在接下來的章節中表示，至少在某些情況下，旁觀者有正當權利放下正在拍攝的手機，以武力阻止警察繼續肆無忌憚地過度施暴，以及阻止警察**處死**眼前的被害者。

這些原則即使在相當正義的民主國家也成立。民主國家維護公民權利的表現都比非民主國家優秀不少。[33]民主國家政府代理人的行為，通常也比其他形式政府的代理人更好。而且民主國家還擁有合法而和平的管道，能夠阻止領導人做出不正義之舉。

不過，現實世界中的民主國家領導人與代理人做的許多極為不公不義的惡行，往往遠超出了他們的權力範圍。在第二次世界大戰前夕，散文家阿弗瑞・傑・諾克（Alfred Jay Nock）就曾對美國做過這樣的道德控訴：

為了防止美國人過於自以為是，我們每次在公開演講列出其他國家的惡行時，都應該附上美國的類似紀錄。如今的德國，就像一七七六年之後的美國一樣，正在迫害少數民族。如今的義大利，就像美國之前入侵墨西哥一樣，正在入侵衣索比亞。如今的日本，就像之前美國屠殺印第安部落一樣，正在屠殺滿洲部落……如今帝國主義的法國，就像美國之前在太平洋推行帝國主義政策一樣，正在國內屠殺自己的平民。諸如此類，不一而足。[34]

即便到了今天，民主國家的官員依然經常做許多他們無權進行、我們也沒有義務讓他們進行的壞事。在許多時候，我們都沒有和平手段可以阻止這些壞事。而我認為，在這種情況下我們可以對彼此做什麼，就可以對這些官員做什麼。

第二章 防衛倫理學

本章總架構

在大多數情況下，說謊、欺騙、竊盜、顛覆組織、破壞財產、暴力、殺人都是錯的。但在某些情況下我們做這些事並沒有錯。我不能為了好玩而殺人，但可以出於自衛殺死綁匪；我不能為了牟利而說謊，但可以誤導兇手讓他無法殺害鄰人。

在這一章，我會先簡單概述防禦性殺人的倫理學。該理論的大原則通常沒什麼爭議，但細節可能就有了。不過，這不會影響本書的論證。第一個原因是，這些爭議都在討論一些比較細部的事情，例如應該如何解釋「迫切的威脅」，或者自衛是否應該遵守「比例原則」等等。這些問題的確需要討論，但爭議比較像是速限應該訂在一百三十公里還是一百四十公里，而非我們是否應該禁止人們開車。第二個原因則是，我在這本書強調的，只是為了指出我們應該用同樣的標準對待做錯事的政府以及做錯事的一般民眾：如果我們可以用某個原則，解釋為什麼自己可以對一般民眾行使防禦性反抗，就能用相同原則解釋為何可以對政府行使防禦性反抗。因此，我不需要去精確定義「迫切的威脅」或自衛需要遵守怎樣的「比例原則」，無論這類細節的正確定義為何，都應該以相同方式適用於做錯事的政府與百姓。我們沒有夠好的理由差別待遇兩者。

大致來說，規範防禦性欺騙、防禦性顛覆、防禦性破壞的原則，也和防禦性殺人相同，只是這些行為的傷害較小，所以標準沒有那麼嚴苛。而我將從傷害最大的防禦性殺人開始討論。

在本章結尾，我將先列出一組平民犯錯的假設性案例。在這些案例中，我們通常都會認為其他人可以殺害、欺騙、惡意阻撓這些做壞事的平民，也可以摧毀這些平民的財產。接下來，我會列出另一組政府犯錯的案例，每個例子都與前一組對應。然後我會問有沒有任何合理的理由，能夠要求我們用不同的標準來處理這兩組案例。並且在接下來的五章論證指出，為什麼答案是**沒有**。

防禦性殺人的理論

我們先從傑夫・麥克馬漢（Jeff McMahan）在《戰爭中的殺戮》（*Killing in War*）一書中初步勾勒出的防禦性殺人理論開始。該理論看起來似乎源自於普通法（common law）。[1]

在一般情況下，殺人是錯的。我們假設每個人都有生命權。因此在一般情況下，我們有義務不去殺害別人。不過在一般的道德觀中，不殺人的義務、生命權、人命的價值都是**有條件的**。我們在某些現實狀況下可以殺人，甚至必須殺人。我們必須滿足很嚴苛的道德門檻，才能正當使用暴力去對待和平、無辜、不攻擊我們的人。但如果面對暴力侵略者，正當使用暴力的道德門檻就會低很多。

正在從事某些壞事或不公不義之事的人，必須承擔自己可能被殺害的責任。如果我們正在做一件嚴重錯誤、嚴重不公不義、嚴重傷害他人的事情，別人就有可能出於防衛目的，例如保護自己或他人不受我們所害，或者為了防止我們做出更嚴重的不正義行為，而殺害我們。

防禦性殺人當然也需要符合**必要性原則**（doctrine of necessity）：如果某種方法不需要殺

人也能同樣有效地阻止某人做錯事，那麼我們就不可以殺害那人。防禦性殺人是否需要符合更嚴苛的必要性原則，具有爭議。我之後會回來討論這個問題。

我們先來檢驗直覺。請再看一次案例A：

A 公園裡的槍擊犯

一名蒙面男子從一輛黑色貨車裡出來。他手上拿著一枝步槍，開始對公園裡的孩子開火。安帶著一把槍從旁邊經過，在槍擊犯殺死無辜孩童之前擊斃了他。

我們是根據哪些原則，認為安有權殺死槍擊犯的呢？

我們可以從英美普通法系（English common law）裡面，尋找道德常識中對於殺人的看法。誠如約翰．哈斯納斯（John Hasnas）所言：「自衛與保護他人的原則，是從普通法發展而來的。它是人們在數百年來從經驗中學到，消除暴力與解決暴力衝突的最佳方法，」這些原則「展現出五十個世代以來的陪審團與法官，認為當我們遇到不當攻擊時，以怎樣的方式回應才是合理適當的。」[2]通常，普通法可以引導我們的道德直覺，告訴我們什麼時候可以殺人。成文法（statutory law）通常會反映政治人物與官僚的利益，但普通法大多都是根據人們的一般道德直覺制定編纂出來的。

普通法認為，人們有權保護自己和他人不受襲擊、毆打、性侵、謀殺等等「不正當」威脅。[3]根據普通法的自衛原則，當下列條件全部滿足時，一個人（所謂的「殺害者」）就可以正當殺死另一個人（所謂的「被害者」）：

1. 殺害者不是主動攻擊方。
2. 殺害者**合理相信**自己（或其他人）處於**迫切的危機**中，即將受到來自被害者的嚴重身體**傷害**。
3. 殺害者合理相信**唯有**殺死被害者，才能避免上述傷害。[4]

請注意，普通法將這些條件視為殺人的**正當理由**，而不只是情有可原的（excuse）。兩者的差別在於，如果你殺人時擁有情有可原的理由，法律依然會說你的行為是錯的，只是責任可以減輕。舉例來說，如果有人拿著槍抵著你，要你殺害另一個無辜的人，那麼你的殺戮行為依然不正當，只是可以減輕責任，因為受脅迫而去做錯事的人不應承擔完全的責罰，但這與上述案例中安殺死公園槍擊犯的行為不同，她的行為完全沒有錯。

傷害與迫切危機條款

普通法規定，只有在可能受到嚴重傷害的時候，自衛殺人才是正當的。如果你要性侵我或支解我，我可以殺了你，但如果你只是要汙衊我或打我耳光，我就不可以殺你。

無論是法律還是道德都沒有訂出一條明確的界線，指出怎樣的威脅才嚴重到讓我們可以正當殺人。在道德層面，我們可以爭論身體威脅要嚴重到什麼地步才允許我們殺人，也可以爭論我們是否可以為了保護自己的財產而攻擊或殺害他人。[5]舉例來說，如果某個人打算燒掉我的房子、砸爛我的車，對我的這些財產造成非常嚴重的損害，而我一定得開槍才能阻止他，那麼我至少合理相信我可以為了保護自己的財產攻擊或殺害這個人。不過，其他人也可以就此合理表示異議，尤其如果我很有錢而且有買保險，爭議就會更明顯。我不想在這裡針對這件事表達任何立場，但我要指出，這種問題並沒有定論。大部分國家的法律都不允許你用致命武力保護自己的財產，最多只能用武力來保護人民（不過這些法律又同時允許警察用武力來保護財產），然而這並非某種必然正確的**道德**觀點。

此外，迫切性危機條款並不表示受害者必須等到最後一秒才能進行自衛。如果你被綁架了，並且足以相信綁匪到了第六天就會殺了你，那麼你在第一天就可以使用致命武力，不需要等到第六天他拿刀準備割你喉嚨的時候才反擊。

危機的急迫程度要到多高才能允許防禦性殺人，當然也有爭議。然而我也不想在本書中對此表明立場，因為我的論證不需要處理這個問題。本書的目標，是論證政府與平民做錯事時都適用防禦性殺人原則，這不需要去解決原則細節的內部爭議。

合理性條款

普通法對加害者的唯一要求，就是「她必須有合理的信念」相信必須使用致命武力才能保護自己。這個標準要檢驗的，並不是一個理性的人是否完全無法懷疑這個信念，而是一個理性的人是否會抱持這個信念。舉一個著名的例子來說，一名匪徒在騷擾被告的時候，把手伸進了自己的口袋。被告合理地相信匪徒是在掏槍，於是只好先下手為強，開槍射死了匪徒。事實上，匪徒根本沒有攜帶武器，伸手也只是想拿口袋裡的香菸，[6]但法庭根據自衛原則宣判被告無罪。根據普通法，被告並不需要確定匪徒身上有槍，也不需要排除所有合理懷疑。只要被告確定當時自己的生命受到威脅，而且有夠好的理由相信（儘管並不確定）匪徒當時的動作是在掏出武器，普通法就認為知識不確定性所帶來的責任與風險應該由攻擊的匪徒，而非由自衛的被告來承擔。

某些哲學家可能會質疑這種合理性條款過於寬鬆。他們可能會說，重點不在於你是否合理相信必須使用暴力來保護自己，而在於你的這項信念是否**正確**（correct）。某些哲學家認為，只有在真的需要使用暴力的時候，以暴力來自衛才有正當性；如果你合理但錯誤地以為需要使用暴力，那麼雖然你的理由情有可原，但行為依然為錯。對此，我堅持普通法的立場（合理的信念是這種行為的正當理由，而不僅是情有可原的理由），不過如果你不同意，本書還是有一個稍微修改過的論證版本，依然可能讓你接受。

必要性條款

「必要性」條款的意思是，雖然當下**有**其他方法，但除了致命武力以外的方法都**不好**。以「公園裡的槍擊犯」為例，假設安有三種選擇：

1. 殺死兇手。孩子們獲救的機率為百分之九十五。
2. 丟煙霧彈讓孩子們逃跑。成功的機率為百分之二十五。
3. 衝上去把兇手摔在地上。成功的機率為百分之二十五，而且安很可能因此喪命。

在這種狀況下，即便其他兩種方法的成功機率大於零，安依然有權殺死兇手。她沒有必要冒著自己受傷的風險去捍衛兇手的性命，也沒有必要使用不太可靠的非致命方法去取代更可靠的致命武力。不應該使用不必要的武力，並不是說只要有任何不殺人的方式也能成功阻止兇手，就不應該殺人。

假設說，像下述，安有第四種選擇：

4. 用一種**昂貴**的非致命方法制伏兇手，成功率為百分之百，但要花一百萬美元。費用可能由安來支付，或由旁邊隨便一個無辜路人，或由該城市支付。例如唯一能夠成功阻止兇手殺死孩子們的方法，就是拿起一幅珍貴的畫作砸在兇手頭上。

如果殺死兇手的代價很低，那麼就至少值得爭論一下，應不應該讓安（或者無辜的路人，或無辜的城市）為了制伏兇手而支付這麼高的金錢成本。畢竟，是兇手引發了道德危機。我們沒有義務為了保護他的性命損失這麼多金錢，這些金錢可以用來做其他更有價值的事。如果有人不同意，那就試著把選項4裡面的金額調高看看。假設唯一以非致命方式讓安制伏兇手的方法要花一百億美金，而非一百萬，那麼這種方法可能會讓我們損失金錢且無法做其他重要事務，例如辦理公立學校或健保。

最後，必要性條款還會引發一個重要問題：我們在當下有沒有「撤退的義務」（duty of retreat）。某些地方的司法規定，只要受到威脅的人可以直接逃跑，就不得使用致命武力（甚至任何武力）保護自己或他人。另一些地方的司法則規定，人們可以堅守當下的所在地，不需要為了避免受傷而逃走。許多地區的司法都認為人們在公共場所時才具有「撤退的義務」，例如兇手闖進你家，你就不需要逃跑。這背後藏了一個有趣的道德問題，不過這是關於防禦性暴力本質的內部爭論，所以我並不想在這裡討論。畢竟無論你相信的是道德平等論還是特殊豁免論，都不會影響到你是否支持撤退義務。

自衛的權利需要符合比例原則嗎？

某些人（包括一些政治人物和法官）認為自衛權必須符合比例原則。也就是說，我們在保護自己和他人時，不能對攻擊者造成「不成比例的傷害」。某些地方的司法，允許兇手或其受益人向造成過大傷害的防衛者索取賠償。

一般來說，侵權法（tort law）包含比例原則，但刑法（criminal law）則沒有。如果你攻擊我，想要砍下我的手，而我在自衛過程中殺了你，大部分的司法都會將此視為正當殺人（justifiable homicide），我不會受任何**刑事**處罰。不過某些司法還是允許你的家屬對我索取損害賠償，因為你只是想砍掉我的手，但我卻殺了你，我造成了不成比例的傷害。

總結來說，美國某些地方的司法，在侵權法中要求自衛必須符合比例原則。如果我們使用的武力比敵方更強烈，即使在刑事上無罪，依然可能遭致民事責任。不過據我所知，一開始普通法系中的侵權法並不包含比例原則，那是後來增修的條文。

海蒂．赫德（Heidi Hurd）指出，這項修改會導致某些似乎相當荒謬的結果。例如在某些地區，如果女性殺死了即將性侵她的人，就會因為殺人與性侵不成比例，而面臨民事賠償責任。[7]

自衛理論的這一部分，在細節上可能會引起爭議。但它的基本原則比較沒有爭議：你不能為了保護自己免於威脅，而想做什麼就做什麼。你可以**知情**並**刻意**地對攻擊者做的事情，一定程度上取決於你合理地相信攻擊者正打算對你做的事情是什麼。

赫德舉過一個例子。假設我明確告訴過你不要拍我肩膀，但你還是要拍，雖然不經我同意就拍我肩膀並不會傷害我，但還是會侵犯我的身體自主權。

那麼，假設我知道你打算拍我肩膀，在一般情況下，我可以把你的手揮走。不過如果在某種狀況下，除非殺了你，否則沒有任何不致命的方法阻止你拍我肩膀，赫德認為，即使你做錯了事而且侵犯到我的權利，我還是無權殺你，只能接受現實任你拍肩。[8]

比例原則討論的是防衛者在阻止攻擊者以各種方式侵犯他的權利時，可以刻意對攻擊者造成多大的傷害。請看下面這張表，上方這欄是防衛者可以回擊的方式，造成的傷害由右往左遞增。下方這欄是攻擊者試圖對防衛者造成的傷害，嚴重程度由右往左遞增（下方這欄列出的傷害嚴重程度可能會引發爭論。我沒有說被砍下一隻手比被性侵還嚴重。如果你認為這些傷害應該用其他方式排列更為合理，請自己重排）。

想想看：當防衛者分別面臨下列的各種威脅，**必須**用上列的回擊方式才能保護自己時，你認為他可以用哪些方式回擊呢？如果你願意，可以在下列的各種威脅，以及你認為防衛者「可以」使用的每一種回擊方式之間連一條綠線，並在你認為防衛者「不可以」使用的每種回擊方式之間連一條紅線。如果我們每個人都在這張表的上下連滿紅線跟綠線，我相信每個人的畫法應該會不太一樣。

比例原則	
如果**防衛者**相信她必須採取以下做法才能阻止攻擊者，那她可以這麼做：	如果防衛者相信**攻擊者**想對自己做出以下的事：
推他 打他 對他造成可復原的重傷 對他造成不可復原的傷害 殺了他	拍她的肩膀 吻她 猥褻地摸她 對她造成可復原的小傷 對她造成可復原的重傷 性侵她 對她造成不可復原的重傷 嚴刑拷打她 殺了她

赫德認為，最理想的比例原則理論會說，人們如果要阻止自己的權利被嚴重侵犯，就可以殺人，但如果是阻止自己的權利被較為輕微地侵犯，就必須使用比較不暴力的手段。當然，正如我們對於上述表格中各項行為的嚴重程度看法不同，「嚴重侵犯權利」的標準也會引起爭

議。如果有人要性侵你，你當然可以殺了他，但如果對方只是要拍你肩膀，當然不可殺人。然而，嚴重侵犯的界線到底在哪裡，依然有待商榷。

同樣地，嚴格說來，即使比例原則有某種正確的詮釋方式，我也不會在此選邊站。畢竟本書的論證目標，是我們不應該用比較嚴苛的道德原則去限制對抗政府代理人的自衛手段，卻用比較寬鬆的道德原則限制對抗一般民眾的自衛手段。

剷除大魔王：只有直接面臨立即性威脅時，才能殺人嗎？

在「公園裡的槍擊犯」例子中，槍擊犯直接對無辜兒童造成了立即性的威脅。但有時候，即使某人只能造成間接威脅，而且傷害要好一陣子才會出現，我們依然有權殺死他。例如以下這種情況：

犯罪首腦

威爾森是犯罪集團的首腦，一次又一次地逃過查緝，警察完全無法將他繩之以法。威爾森本人從未殺人，而且根本不需要。因為他有幾百個言聽計從的手下，只要一聲令下，就可以讓他的手下把指定的人送去見閻王。在某次威爾森即將派出手下殺人之前，安這位前陸戰隊狙擊手得知情報，用狙擊槍將他擊斃。

威爾森本人並沒有直接殺過人，但據我們所知，毛澤東、史達林、希特勒，以及大部分二十世紀的著名屠夫也都沒有直接殺過人。如果照阿特曼與威爾曼的說法，「我們當然有權暗殺一九三〇年代的史達林」，這個例子中的安似乎也可以殺死威爾森。[9]

安可以殺死威爾森的理由是：

1. 威爾森持續對無辜民眾造成**間接**威脅。
2. 威爾森傷害他人是錯的。
3. 殺掉威爾森之後，他就不會繼續造成威脅。
4. 殺掉威爾森可以擾亂一個不斷造成威脅的危險組織。
5. 把威爾森送上法庭很可能徒勞無功，甚至弄巧成拙，而且可能會讓安陷入過高的風險。此外，安沒有其他有效手段能阻止威爾森殺人。

我們在超級英雄電影裡，經常看到英雄殺死邪惡的恐怖分子或犯罪集團首腦，而我們幾乎不會認為英雄的做法是錯的。當然，如果英雄可以輕鬆地把大魔王送上法庭，我們會希望他這麼做；但如果英雄沒辦法，我們通常也不會譴責英雄殺死大魔王的行為，即便魔王從來沒有直接動手犯下滔天大罪也一樣。某些時候，我們甚至會覺得某些英雄**拒絕殺人**的信條很有疑慮，這些不殺人信條反而讓壞人能夠一次又一次地傷害我們。[10]

嚴格說來，我不需要在這本書中決定可不可以殺死這類「犯罪首腦」。因為嚴格說來，我的論證只需要支持道德平等論即可——也就是說，只要我們可以在某種情況下殺死那些唆使手下犯罪的民間「犯罪首腦」，同樣的道德原則就應該允許我們殺死政府的「犯罪首腦」。

一定要成功阻止威脅才能殺人嗎？

我們再來想想一個更複雜的防禦性殺人問題。在「公園裡的槍擊犯」中，安因為殺死了歹徒而消除了威脅，但有時候我們即便動手殺人，也無法保證對方造成的威脅一**定會**消失。

想像一下，有個人拿著手榴彈要殺公園裡的孩子們。安的速度不夠快，最多只能在這人扔出手榴彈的途中開槍射中他。因此，她開的槍一定會讓兇手死亡，卻只有百分之五十的機率能阻止手榴彈危害孩子們的性命。

看起來，即使她無法百分之百消除威脅，依然有權殺死兇手。她成功消除威脅的機率要有多高才有權殺人，是個可供討論的問題（我認為即使成功率只有百分之一，她也可以出手，但某些人可能會合理地要求提高成功率門檻）。不過阻止兇手的成功率門檻不是這裡的重點。重點是即使成功率並非百分之百，只要安擁有足夠合理的理由，有些時候我們就會允許她動手消除威脅。

而且有些時候，即使殺人只能**延緩**威脅，我們也會允許她動手。例如下面這個情況：

學校炸彈客

安無意間撞見一群正準備炸掉學校的恐怖分子。她找不到任何安全的方法有效阻止匪徒的行動，只好動手殺人。安同時也知道，其實有另一個恐怖組織打算在幾小時（幾天、幾周，或幾個月）之後炸毀同一所學校，但出於某種原因，她無法警告學校，也無法阻止第二場爆炸案，學校裡的孩子都注定得死。安出手殺死第一起爆炸案的匪徒，只是讓孩子多活一陣子而已。

即便是在這樣的例子中，我們似乎也會覺得安可以殺死匪徒。唯一的爭議，似乎只有殺死第一群恐怖分子可以讓孩子多活**多久**而已。我認為即使孩子只因此多活了十億分之一秒，我也願意讓安動手，但你也許會說孩子們至少得多活一天。這似乎表示我們兩個都同意下面的原則：即使只能**暫時**保護無辜民眾，我們也有權殺死造成威脅的壞人。

某些更複雜的狀況

「公園裡的槍擊犯」是討論防禦性殺人理論的典型案例。在這樣的案例裡，我們很容易就會認為安有權殺死兇手，因為兇手對無辜民眾造成威脅，而且殺了他就可以消除威脅。不過哲學家說，某些案例可能沒有這麼簡單。

例如有種狀況叫做「**無心的威脅者**」（nonresponsible threats）[11]：鮑伯的手機響了，他伸手去接。但他不知道，而且不可能藉由任何方式知道，自己的手機已經被恐怖分子入侵了。

在他接起電話的瞬間，就會引爆附近的某顆炸彈，讓許多無辜民眾喪命。鮑伯並不在爆炸範圍內，所以不會有事。這時候，我們可以殺死鮑伯阻止爆炸嗎？[12]

還有一種狀況叫做「**無辜的路人**」或者「**無辜的肉盾**」：之前說的公園槍擊犯，被一群無辜路人團團包圍。安想要開槍殺死兇手，但很可能失手殺死或傷到旁邊的路人。這時候她有權開槍嗎？或者說，兇手綁了一個路人擋在自己前面當肉盾。這時候安有權開槍嗎？

哲學界對這類問題有很多不同看法。有些人認為我們可以為了保護自己或他人，殺死無心的威脅者、無辜的路人或肉盾。有些人則認為，我們只能在拯救最多性命或者造成最少傷害的時候，才可以這麼做（例如扔一顆手榴彈殺死兇手和旁邊的兩名無辜路人，藉以阻止兇手殺死十名無辜路人）。還有一些人認為，我們不能殺死無心的威脅者、無辜的路人或肉盾，或者只能在某些極為罕見的狀況中做這種事。上述這些說法，都想要釐清殺人這件事在什麼時候有正當性，什麼是錯的但情有可原。

本節摘要

我引述這些複雜的案例，是為了要指出哪些狀況會引起爭議，哪些狀況不會。上述「防禦性殺人」的大致原則是這樣的：當某個人（也就是「防衛者」或「加害者」）並未主動攻擊，而且合理相信自己或他人面臨另一個人（也就是「被害者」）的急迫威脅，可能因此遭受嚴重傷害，而且必須殺死被害者才能擺脫威脅時，就可以殺死被害者。大部分人都會同意這些原則，但原則的細節應該是什麼樣子，卻是可供討論的問題。

上面這些複雜的案例，是為了讓讀者了解某些狀況並沒有乍看那麼簡單，而且我思考過這些問題。我的主要重點是，對政府代理人行使防衛行為的道德原則，並沒有比對平民行使的更嚴格。在這本書中，我通常不會對於這些道德原則的細節發表任何立場。因為我要說的是，在思考如何對待無心的威脅者、無辜的路人或肉盾的時候，我們不需要因為這些人是政府代理人而非一般平民，就給予特殊待遇。所有保衛自身不受平民所傷時所使用的比例原則，都可以同樣套用在政府代理人上。所有對平民行使防禦性暴力，藉以防止間接威脅的原則，也都可以同樣套用在政府代理人身上。其他也都能以此類推。

防禦性欺瞞

目前為止，我們都只討論到防禦性殺人，以及針對他人身體行使的防禦性暴力。接下來我們要進入防禦性欺瞞（defensive lying）。無論是一般常識還是大部分的道德理論，都只說一般而言說謊是不對的，而非無論什麼情況都不應該說謊。[13] 在某些情境下，撒謊不僅可能**情有可原**，而且還是**正當**的。[14]

例如下面這種例子：

門前的兇手

你的朋友為了躲避追殺躲進了你家的地下室。兇手追到你家門前，彬彬有禮地問：「你家地下室是不是有藏人啊？不介意的話，可以讓我進去殺光他們嗎？」

幾乎每個人都會認為這種時候我們不需要說實話吧？而且這種時候告訴兇手「我不該說謊，我朋友的確藏在樓下」根本就是**錯**的，我們可以用任何必要的手段騙走兇手（而且根據之前的討論，如果真的有必要，我們甚至可以為了保護朋友而殺了門前的兇手）。

「門前的兇手」經常被當成某些道德理論的反例。如果某個理論可以導出「對門前兇手撒謊是**錯**的」的結論，我們就會說該理論至少在某種程度上搞錯了什麼。

例如很多人認為，伊曼努爾．康德（Immanuel Kant）的道德理論意味著我們不應該對門前的兇手撒謊。許多研究康德的學者都說這是誤讀，[15]但如果康德的理論真的認為這種時候我們不該撒謊，也許我們就有某個很好的理由不接受他的理論。因為無論是康德的整體道德理論、該理論的論證，還是論證使用的許多前提，都遠遠不如「我們可以對門前的兇手撒謊」這件事來得更合理。

當然，「我們可以對門前的兇手撒謊」這項判斷本身可能有問題。也許哪天會有一個哲學家找到令人信服的論證指出它是錯的。不過，至少目前為止都還沒人做到這件事（例如康德，他顯然沒有），而且所有既存的道德理論都沒有比「我們可以對門前的兇手撒謊」更合理。

既然如此，我們就可以用防禦性殺人的理論，初步建構出**防禦性欺瞞**的理論。一般情況下，欺騙他人是不對的，但如果某個人正在做，或打算做一些極為錯誤、不公不義、造成巨大傷害的事，就必須承擔**自己可能會被欺騙的責任**。他之所以必須承擔這樣的責任，是因為別人騙他是為了防止他成功（或想要）為惡，或者防止他造成更大的不正義。這種「防禦性欺瞞」可能也需要遵守之前所說的**必要性原則**：如果有另一種方法可以同樣有效地阻止這個人犯錯，那麼欺騙這個人可能就是錯的。另外，防禦性欺瞞什麼時候是我們的權利，什麼時候是我們的義務，可能會受到我們是否會因為撒謊而遭到報復影響。舉例來說，如果門口的兇手發現被騙之後不會傷害我，那我就有義務騙他；如果兇手一旦發現我說謊就會殺了我，撒謊就變成我的權利，我可以勇於犯險，但沒有這樣的義務。以上就是「防禦性欺瞞」的理論概述，雖然其中的某些細節會引發質疑（就像防禦性殺人的理論細節會引發質疑一樣），但我猜大部分的人都會接受這個大框架。

一般來說，如果防禦性欺瞞與防禦性暴力可以同樣有效地阻止攻擊者傷害他人，那麼防禦性欺瞞是正當的，而防禦性暴力不是。雖然防禦性暴力與防禦性欺瞞都得遵守必要性原則，但在行使防禦性行動時，我們應該選擇傷害最小的那一個。如果你對公園裡的槍擊犯大吼一聲「住手」就能阻止他開槍，你就不該欺騙他；如果可以用某種謊言阻止他，你就不該讓他受傷；如果開槍射他的腳就能阻止他，你就不該瞄準他的心臟——以此類推。不過正如前文所言，實際上我們得做一些權衡。如果以說謊阻止兇手的成功率很低，殺死兇手的成功率很高，我們就可以殺死兇手，但如果兩者成功率差不多，就應該使用最不暴力、傷害最小的方法。

防禦性顛覆、防禦性竊盜、防禦性破壞

防禦性欺瞞和防禦性暴力的原則，也可以用在防禦性顛覆、防禦性竊盜、防禦性破壞（defensive sabotage, theft, and destruction）上。如果攻擊者要做某件嚴重不正義的事，而且防衛者合理相信唯有偷走或摧毀攻擊者的財產，或對攻擊者搞破壞才能成功阻止攻擊者，那麼防衛者就可以這麼做。

舉例來說：安是一名功力高強的駭客。她知道當地的黑手黨讓未成年性工作者賣淫，而且經常勒索當地企業。她入侵黑手黨的電腦與手機，藉此干擾成員的通訊，例如刪除電子郵件、在郵件裡插入錯誤資訊。同時又侵入黑手黨的帳戶，把錢轉給GiveDirectly這種慈善組織。這些搞破壞的行為未必能夠完全終結黑手黨的行動，但可以明顯降低他們造成的傷害。因此似乎具有正當性。

或者換個例子：安知道當地黑幫有一臺車，且每天晚上他們都會搭這臺車在城裡四處繞行，攻擊孤身行走的路人。某一天，安決定趁沒人看見的時候砸那臺車、割破輪胎、切斷它的油管。黑幫花了好幾天才把車子修好，也因此少傷害了好幾個路人。安的這種行為似乎也有正當性。或者，某天安決定乾脆直接摧毀那臺車，而且之後黑幫每到手一臺新車，她都去摧毀一次。這種行為似乎也有正當性。

當然，這些防禦性行動都得遵守必要性原則。在阻止犯罪的時候，我們通常應該盡量減少竊盜與破壞。不過有些時候，壞人對於手中的財產可能完全不具備任何權利，這時候就不必顧慮什麼要盡量減少竊盜與破壞了。

一般來說，我們應該選擇傷害最小、最不暴力的防禦性行動。因此在其他條件不變時，說謊通常比偷竊、顛覆、破壞更好，而後者通常又比對他人使用暴力更好。但正如之前所言，實際上我們得做一些權衡，如果非暴力的手段成功率低，暴力手段成功率高，防衛者就未必需要選擇非暴力手段。

正當的防禦性行動例子

目前為止，我們已經明白在防禦性行動的道德規範之中，存在許多難題以及具有爭議的答案。這些難題包括：我們應該如何思考比例原則、傷害的嚴重程度以及防禦性行動的種類之間有什麼關係、防衛者必須承擔多大的風險、所謂的必要性究竟是什麼等等。如果我想要在這邊寫出一套完整的防禦性行動理論，我就會試圖解決這些爭議。

但我並不是要在這裡發展這樣的理論，而是想要讓你們接受道德平等論，檢查道德平等論是否包含一些讓人不能接受的結果，並藉此思考一些相關議題。也許你和我相信相同的「必要性原則」，但對於道德平等論抱持不同的立場；也有可能你和我都接受道德平等論，但對於「必要性原則」的最佳詮釋想法有異。到目前為止，本書大部分的內容都是在簡述一套幾乎所有人都會接受的防禦性行動理論核心，同時列出某些會引起爭議的細節。我認為，讀者在接下來幾章中將會明白，這些爭議對於道德平等論、特殊豁免論，或者本書的主旨，幾乎沒有任何影響。

有鑑於此，接下來我要根據上述的理論，列出一串允許防禦性行動的不同情境。其中某些案例之前提過，某些則是新的。在這些案例中，安都會做出防禦性行動，而她的行動似乎都是可允許的，甚至是值得讚賞的。我們來看看安這位英雄吧：

A 公園裡的槍擊犯

一名蒙面男子自一輛黑色貨車裡出來。他手上拿著一枝步槍，開始掃射公園裡的孩子。安帶著一把槍從旁邊經過，在槍擊犯殺死無辜孩童之前擊斃了他。

B 派對裡的醉漢

羅尼在派對上喝茫了，拿著火炬在屋子裡跑來跑去，大喊著「你們看，我變成霹靂火（Human Torch）了！」其他四個客人把羅尼趕出屋子，不讓他引起火災，但卻在盛怒之下打倒了他，一邊踢他的臉和肚子，一邊棍如雨下。安看見羅尼已經被制伏了，而且打他的四個人身上都有槍。於是安掏出自己的槍，警告那四個人住手。這些男人不理會安，她只好舉起槍瞄準其中一個射去，阻止這些人繼續打，他們一不小心可能把羅尼打死。

C 健康主義狂人

健康生活大師約翰，真心相信咖啡因對健康不好、會讓人懶惰，而且會讓人容易接近真正的毒品。他宣布為了保護鄰人的健康、促進社會公益，從今天開始要和信徒們一起逮捕喝咖啡的人、沒收這些人的財產、把他們關在約翰骯髒的地下室好幾年。安喜歡喝咖啡，但窮到無法搬離該鎮，只好每天早上躲在廚房偷偷喝。結果約翰的信徒某一天破門而入，想把安抓起來，安試圖自衛，失手殺了這名信徒。

D 恐怖分子

恐怖組織「眼鏡蛇」的老大寇布拉司令，用各種賄賂、詭計、威脅手段，控制了美國的領導階級。之後他又用這些方法，要求美軍在沒有正當理由下入侵其他國家。他的私人保鑣安，有一天得知寇布拉的陰謀，發現自己保護的人其實是一個大魔王，於是就在寇布拉下令屠殺數百位平民之前，及時從後方開槍擊碎了他的後腦勺。

E 犯罪首腦

威爾森是犯罪集團的首腦，一次又一次地逃過查緝，警察無法將他繩之以法。威爾森本人從未殺過人，而且根本不需要，因為他有幾百個言聽計從的手下，只要一聲令下，就可以讓他的手下把指定的人送去見閻王。在某次威爾森即將派出手下殺人之前，安這位前陸戰隊狙擊手得知情報，用狙擊槍擊斃了他。

F 駭客

當地的黑手黨偷偷監視著當地的每一個人，竊取他們的個人資訊，側錄他們的電話內容。該黑手黨還涉及許多傷害案件和邪惡活動。安是一名駭客，她侵入黑手黨伺服器取得其活動證據，然後把他們的所作所為公之於眾。

G 私刑監禁

鮑伯和許多鎮民一樣相信安殺了人，而且相信當地政府不應該拒絕起訴安。有一天他綁架了安，在自己家的地下室舉行審判。鮑伯對於正當程序極為狂熱，因此盡可能地讓這場審判符合一般法院的規格，甚至為此還幫安找了辯護律師和陪審團（陪審團對安沒有偏見，但卻和鮑伯一樣認為當地政府經常無法把壞人繩之以法）。安被判有罪。陪審團決定，安必須被關在鮑伯的地下室裡長達十年，但安其實是無辜的。後來，她在地下室偷偷打造一把小刀，抓準某次機會刺傷鮑伯，逃了出來。

H 給黑手黨的保護費

當地黑手黨會從事許多性質不同的事。他們會犯罪，並經常傷害或殺害阻止他們做壞事的人。此外還會恐嚇當地的商家，藉此收取保護費。但同時，它也經常懲罰那些在它的地盤上無理傷害別人的人，而且會向貧窮的寡婦與家庭發放大量資金。安是當地一家小公司的老闆。黑手黨要求她根據公司的收入，繳交相應比例的保護費。於是安造假帳，將某些收入轉到檯面下（以免被經常檢查帳本的黑手黨發現），並將所得藏在黑手黨找不到的地方。

I 墮落的正義聯盟

正義聯盟（Justice League）在過去的二十年內保護無辜民眾不受超級反派或其他威脅所害。他們拯救了地球幾十次。到目前為止，每一位成員都是史上最英勇的人。但有一天，該聯盟的領袖超人，突然要求讚讚女俠安使用念動力炸毀整座村莊。他說：「我非常確定雷克斯．路瑟（Lex Luthor）*就躲在那裡，我要他從世界上消失。我很抱歉這會牽連無辜的村民，但這件事利大於弊。」安拒絕執行命令，於是超人聳了聳肩：「好吧，那我找神力女超人（Wonder Woman）來做。」安無可奈何，只好用念動力殺了超人，或把他打成殘廢。

J 義賊

安是一名高強的駭客。她知道當地的黑手黨讓未成年性工作者賣淫，而且經常勒索當地企業。她入侵黑手黨的電腦與手機，藉此干擾成員的通訊，例如刪除電子郵件、在郵件裡插入錯誤資訊。同時她侵入黑手黨的帳戶，把錢轉給 GiveDirectly 這種慈善組織。

K 無間道

安知道當地的黑手黨讓未成年性工作者賣淫，而且經常勒索當地企業。於是她表現出對這些惡行興致勃勃的樣子，讓黑手黨吸收自己。實際上她沒有做出任何犯罪行為，但在一段時間之後，成功地成為其中一位首領。這時候，她指使手下去做好幾件如果同時發生就會造成組織垮臺的事，成功地讓大部分的黑手黨都被逮捕，並讓那些被剝削的兒童重獲自由。

L　檯面下的自由貿易商

鮑伯相信我們應該買美國國貨，而不是中國進口的商品。他大聲宣布：「從今以後，購買中國商品的企業，都需要繳納相當於購買價格百分之五十的罰款。我會將這些罰款分配給密西根州的善良勞工。」基於各種原因，當地司法部門打算實施鮑伯的計畫。安擁有一家工廠。每次鮑伯來檢查的時候，她就虛與委蛇，讓鮑伯以為她很聽話，但其實她經常私底下購買中國商品。

M　縱火者

安知道當地黑幫有一臺車，每天晚上黑幫成員都會乘這臺車在城裡四處繞行，攻擊孤身行走的路人。某一天，安決定趁沒人看見的時候燒了那臺車。

上述這類案例想說多少就有多少。安在每一則故事中，都正當地使用欺瞞、顛覆、摧毀或暴力行為來保護自己或他人。

如果故事中的反派是政府代理人

不過如果我們把上述案例中的壞人換成政府代理人，故事會變成怎樣呢？

＊譯注：ＤＣ漫畫中的超級英雄隊伍。領袖是超人，成員的確包含神力女超人。雷克斯·路瑟是超人的死對頭。

A' 槍擊廂型車

安在路邊看到一名警察攔下一臺廂型車，裡面坐著一名女性司機，後面有三個小孩。司機兩手空空放在方向盤上。警察從警車裡出來，開始朝廂型車的窗戶開槍。安身上有槍，於是她在警察殺死任何一名孩子之前，先向警察開槍。

B' 喝茫的駕駛

羅尼酗了整夜的酒，然後在高速公路上超速。警察想把羅尼攔下來，但羅尼不聽，更和警察展開一場飛車追逐戰。最後警察還是把羅尼攔了下來，但卻不只是把羅尼從車裡拖出來上銬，而是在羅尼被制伏趴在地上之後，繼續輪流用警棍毆打。看見這場毆打的安，大喊著請警察住手，警察卻不理她。於是安只好掏出武器朝其中一名警察開槍阻止他們，以免他們一不小心打死羅尼。

C' 向毒品宣戰

鎮長決定立法禁止吸食大麻。然而，絕大多數的證據都證實，大麻在各方面的危害都小於每個成年人都能自由使用的某種毒品：酒精。安在家裡藏了一罐大麻。某天晚上警察不先敲門就直接闖進她的家。安知道這些人是警察，也知道自己一旦被捕，就會坐很久的牢。她的政府對持有毒品的人判處過重的刑責。當地公民要求修改法律，但政府置之不理。於是安決定拒捕，並溜之大吉。

D' 好戰的政府

祕密探員安，在軍情室聽到總統命令軍隊在沒有正當理由下入侵其他國家。明明房間裡的將軍和其他專家都明白指出，這個命令會殺害數百位無辜平民，總統卻依然要下令。於是安在總統下令之前即時出手打昏了總統。

E' 魔王總統

沃克是某國總統。他發動過一場顯然不公不義，但許多人毫無理由地以為是正義的戰爭。因為他的緣故，政府白白犧牲了成千上萬的軍人，殺害了成千上萬的他國士兵與無辜百姓。這場戰爭讓天文數字的財富付之一炬，餘波害死了難以計數的百姓。如今，沃克又想在另一個國家發動一場不正義的戰爭。安試過各種和平手段都無法阻止。無可奈何之下，她只好拿起狙擊槍殺死沃克，並成功地阻止了那場戰爭，因為下一任總統比較沒那麼好戰。

F' 危機解密

美國政府偷偷監視著許多國民，竊取他們的個人資訊，側錄他們的電話內容。同時，政府也涉及許多傷害案件和邪惡活動。安是一名駭客，她侵入政府伺服器取得其活動證據，然後把他們的所作所為公之於眾。

G' 合法監禁

地方檢察官鮑伯和許多鎮民一樣相信安殺了人。有一天他讓警察逮捕了安，在地方法院起訴。鮑伯對於正當程序極為狂熱，確保該審判程序沒有問題。安其實沒有殺人，但在法庭上被判有罪，陪審團決定判處終身監禁。後來安提起上訴，依然被駁回。於是她在獄中偷偷打造一把小刀，抓準某次機會刺傷獄卒，逃了出來。[16]

H' 逃稅

美國政府會做許多性質不同的事。它從事許多不公不義的活動，並經常傷害或殺害阻止他們做這些事的人。但同時它也經常維持正義，懲罰國內的罪犯，並向貧窮家庭發放大量資金。安是一家小公司的老闆。政府要求她根據公司的收入，繳交相應比例的稅金。於是安造假帳，將某些收入轉到檯面下（以免被經常檢查帳本的政府發現），並將所得藏在政府查不到的地方。

I' 戰爭罪

美軍在過去的二十年內，一直保護無辜民眾不受邪惡獨裁者或其他威脅所害，而且之前成功地阻止納粹統一世界。到目前為止，每一位美軍都是最強的英雄。但有一天，某名中尉在一場不合理的戰爭中，要求屬下殺光一座農村裡的男女老少。其中一架直升機駕駛員安拒絕執行命令，不但反過來救走村民，更要求機組人員用機槍射擊所有前來阻撓的美軍。

J' 駭入國家安全局

安懷疑美國國安局在非法監控人民，於是應徵了一家政府承包商的工作，藉此拿到安全許可閱讀相關資料。她發現自己不幸言中，於是從國安局偷走許多能夠證明其不當行為的文件，交給某位著名記者。為了避免被抓，她自己則遠走高飛。

K' 檢察官的正義

安知道政府經常把某些應該合法的行為判定為非法。她努力當上地方檢察官，然後不斷拒絕執行聯邦法令，不斷拒絕起訴那些不應負刑責的人，例如持有大麻的人。

L' 拒付關稅

許多選民相信，我們不應該購買中國進口的商品，所以他們都把票投給那些貿易保護主義的候選人。保護主義者掌握國會之後宣布：「從今以後，購買中國商品的企業，都需要繳納相當於購買價格百分之五十的關稅。我們會將關稅所得用於社會福利。」安擁有一家工廠。每次政府的審計員來檢查的時候，她就編出一套說法，讓對方以為她很聽話，但其實她經常私底下購買中國商品，而且從未付過關稅。

M' 炸彈客

安住在某個軍事基地附近。她知道，因美軍的戰術無人機襲擊而喪生的人，有百分之九十不是預定的攻擊目標。[17]某天，她從一位士兵口中得知，自己住所附近的這個基地就是戰術無人機的維修廠。於是她潛入基地，用自製的炸彈炸毀了無人機。

上述的案例A'－M'對應上一組案例A－M。兩組之間唯一的重大差異，只有防禦性行動的對象是政府代理人還是一般平民。政府代理人在案例A'－M'裡面所實行的這些不正義，至少乍看之下都和案例A－M中的相同。在這些案例中，安都試圖阻止或至少拖延攻擊者所造成的不公不義傷害。

如果我們允許案例A－M中的防禦性行動，那麼除非出現其他理由，否則我們也應該要允許案例A'－M'中的防禦性行動。而且所謂的理由，不能只有「案例A'－M'裡面的角色是政府」這麼簡單。政府和平民**當然**不一樣，但我們要問的是，這兩者之間的差異**是否會**，以及**為什麼會**影響我們的**道德標準**。你可以說案例A－M裡的防禦性行動是正確的，而案例A'－M'裡的則是錯誤的，所以我們應該給予不同的待遇；但如果你這麼說，就必須提出一個好理由。如果我們試過各種辦法都找不出好理由，那麼可能就必須說這兩組案例其實沒有差別。

在接下來的幾章，我們要來檢驗那些支持「特殊豁免論」的最佳論證。這些論證認為對政府代理人行使防禦性行動的門檻，比起對平民行使防禦性行動高出很多。我會在第三章反駁那些主張某些政府具備正當性與權威性，所以應該得到特殊待遇的論證。並在第四章駁斥以其他理由主張特殊豁免論的論證。

在那之前，我要先聲明一下。我和大部分明智的人一樣，認為暴力革命在多數時候都不是好方法。暴力革命在大部分的狀況下都會失敗，而且即使「成功」推翻既有政府，也經常會因為摧毀了維護民眾安全的政府機制，而讓社會陷入混亂甚至內戰，並讓那些仰賴福利或補貼系統維生的人受到嚴重傷害。此外，推翻政府的過程幾乎都無可避免地會波及到大量的無辜百姓。

然而，主張人民可以對於政府的不正義行為採取**防禦性行動**，並且可以在必要的時候使用暴力，與主張暴力革命差很多。我們可以對執法過當的公務員使用致命武力，並不等於我們應該推翻整個政府。為**革命**辯護，就等於為**戰爭**辯護。去暗殺好戰的領導人是一件事，去推翻整個政府是另一件事。

第三章

政府權威性論證

我們在上一章討論了防禦性行動的大框架。一般而言，欺瞞、撒謊、偷竊、摧毀東西、攻擊或殺害他人之類的事都是錯誤的，但如果某個人（防衛者）並未主動攻擊，又合理地相信自己或他人面臨嚴重傷害或嚴重不正義（injustice）的立即威脅，而且唯有（或在符合比例原則的前提下）行使防禦性行動才能免於這些嚴重傷害或不正義對待的話，防衛者就可以做這些事。當然正如之前所見，這套框架的細節有許多爭議，例如「合理地相信」、「立即威脅」、「符合比例原則」、「符合必要性」應該如何解釋等等，都需要討論。但本書的論證並不需要對這些問題表明立場才能成立，所以我不會在此處理這些問題。

之前也提到，我們可以輕易舉出一大串對平民或政府代理人行使防禦性行動的案例。不過許多人都認為，對平民行使防禦性行動是對的，對政府行使則是錯的。這些人可能都會同意特殊豁免論。

在這一章，我會列出一些乍看之下為真的特殊豁免論論證，然後一一駁斥。大部分人都認為，政府——或至少民主政府，具有某種特殊道德地位。他們說民主政府（以及它們的職權代理人）具有**正當性**（legitimacy）與**權威性**（authority），不能與槍擊犯、犯罪組織、健康主義狂人、門口的兇手、極權主義獨裁者混為一談。民主政府與代理人有統治的權利，而我們有服從的義務。所以即便總統與恐怖分子似乎在做同樣的壞事，我們依然只能攻擊恐怖分子，不能攻擊總統。

權威性與正當性的概念

要判斷這種特殊豁免論論證的效力，就必須先搞清楚「正當性」與「權威性」究竟是什麼。政府通常聲稱自己具有兩種一般人不具備的道德力量。看看下面四個例子，就知道這些力量是什麼：

1. 正直的瓦尼認為美國人已經太胖了。他走進某家7－11，揮舞著槍對顧客說：「從今天開始，所有人都不准買重量杯汽水，因為它有害健康。如果你真的想喝那麼多汽水，就先用小杯子喝完一杯，然後回頭再買一次。抱歉造成大家不便，但這樣對你們比較好！」
2. 有原則的彼得認為所有人都該同舟共濟。沒有人應該悠哉地過著好日子，坐視別人垂死掙扎。因此他入侵中上層階級和有錢人的銀行帳戶，將錢發給窮人。
3. 高尚的丹尼認為美國人應該先幫助國內同胞，再去讓外國人得利，然而國內的有錢人似乎都買了太多德國高級車，而非美國國產的高級車。他走進BMW門市，揮舞著手上的槍對顧客說：「各位，你們花錢買的這些名車都是在資助慕尼黑的陌生人，而不是幫助藍辛或底特律的同胞。為了解決問題，你們在買這些車的時候必須多付三千美金，我會拿這些錢去幫助那些你們顯然不關心的同胞。」
4. 有企業精神的愛隆認為探索太空很重要。他花了很多錢打造精密的人造衛星、太空探測器、太空望遠鏡、太空梭，同時根據每個美國人的收入水準寄一張小額支票請大家資助。如果有人拒絕資助，愛隆就直接駭進他們的帳戶拿走相應的金額。[1]

如果我們在生活中碰到上述的瓦尼、彼得、丹尼、愛隆，我們大概會叫警察把他們抓起來。而警察也會很快現身，甚至用武力逼他們就範。

不過詭異的是，其實政府做的事情和這些「罪犯」一樣，但大家卻不覺得政府在犯罪。更詭異的是，人們並不覺得這有什麼奇怪。人們認為政府可以做一些一般百姓不准做的事。說得更清楚一點，他們認為政府有權規定人民可以做哪些事，不能做哪些事，而且可以運用武力與暴力威脅來要求人民聽從這些規定。此外，如果政府做了瓦尼、彼得、丹尼、愛隆做的事，人們會認為我們不但在道德上有義務不去阻止政府，還應該服從其安排。

政府聲稱自己具有兩種特殊的道德力量：

1. 擁有某種許可，能在特定地區制定規則、實施規則並要求當地人民遵守。
2. 擁有某種能力，能讓當地人民有**道德義務**（moral obligation）去遵守上述規則。

我將第一種稱為正當性（legitimacy），第二種稱為權威性（authority）。

★**詞彙意義備注**：「正當性」與「權威性」在政治哲學界沒有統一的定義。[2]有些哲學家對這兩個術語的用法跟我一樣，有些人與我相反，有些人則是單用「正當性」或「權威性」來統稱上述的兩種道德力量。[3]不過字詞用法的差異並不是本章的重點。本章要反駁的每一位哲學家，都承認上述的兩種道德力量的重要性。我在本章將以上述的定義來使用這兩個詞。但我所提到的某些哲學家，在自己的著作中可能會以其他詞彙來指涉這些道德力量。為了避免讀者混淆，我會把他們論證中的詞彙替換成我所使用的詞彙。

我們回頭來看看這兩個概念吧！如果一個政府有正當性，表示它可以在當地制定、發布、強制執行規則。如果一個政府有權威性，表示當地人民具有義務去遵守該政府制訂的法律、敕令、[*1]命令。正當性表示政府有權向你徵稅；權威性表示你無權拒絕繳稅。正當性表示警察有權逮捕你；權威性表示你無權拒捕。簡單來說，「正當性」表示在道德上政府有權強迫你做某些事，「權威性」表示你有義務服從政府的安排。

請注意，如果政府要擁有權威性，就必須能**創造**出之前並不存在的道德義務。更精確地說，政府必須擁有道德力量去創造出原本並不存在的**起源**或**理由**，讓新的義務得以存在。根據定義，如果政府對某人有權威性，那麼當政府命令那個人去做某件事時，那個人就會**因為政府**

*1　譯注：臺灣沒有直譯為edict的法令類別，此處以過去日治時代的用語，譯為「敕令」。

這麼命令而產生某種必須這麼做的義務，或是至少必須嘗試這麼做的義務。

假設我在時代廣場上大喊：「我命令你們，除非為了保護自己或他人，否則不可殺害彼此。」人們雖然有義務照著這句命令行事，但並不是因為他們有義務**服從我的命令**，而是因為他們本來就有道德義務不去殺害彼此。我只是命令他們去做某件他們本來就應該去做的事情。這些人裡可能會有人說：「我們都知道不應該殺害彼此，但並不是**因為你這麼說**我們才有義務這麼做，而是本來就不應該這麼做。你的『命令』並沒有給我們任何額外的理由。」我的命令在道德上**不具影響力**（inert），既不會創造任何新的義務，也不會強化任何既有的義務，而且不會讓人們擁有更多不殺害彼此的理由。

政府的狀況與此相反。大部分相信政府具有權威性的人認為，政府發布命令、敕令、法律之類的規範時，能夠創造出額外的義務基礎讓我們去遵守。舉例來說，我們原本就有義務不去殺害彼此，即使政府保證我永遠不會被以殺人罪起訴，我在道德上也不應該去殺人。但相信政府具有權威性的人通常都認為，政府在將殺人訂為刑責時，就給了原本在道德上即足以禁止我們的理由，多了一些額外的重量。政府禁止謀殺，會讓我在原本既有獨立於法律之外的不殺人義務之外，同時因為政府的命令而有義務不殺人。此外，相信政府具有權威性的人還說，政府在某些情況下發布命令時，不僅能為既有的義務創造出新的理由，更能**憑空創造出原本不存在的義務**。例如我們原本沒有義務不去喝苦艾酒，但如果政府哪天以權威的方式禁止我們喝苦艾酒，那麼我們突然就有了一項義務不去喝它。這項義務完全是被政府的命令（透過某些特定的法定程序制定而成）**創造**出來的。

總結來說，相信政府具有權威性的人必須至少相信下列其中一項主張：

A 在某些情況下，政府發布命令（例如法律、敕令、條例等等）時，能為既有的義務創造額外的理由。

B 在某些情況下，政府發布命令（例如法律、敕令、條例等等）時，能創造出額外的義務。

正當性與權威性的相關爭議

根據定義，如果一個政府有正當性，表示它可以在當地制定、發布、強制執行規則。但這實際上會引發一些政府正當性理論必須解決的問題：

1. 決定一個政府是否具有正當性的因子是什麼？
2. 現實中有任何政府擁有正當性嗎？
3. 政府正當性的**範圍**（scope）為何？也就是說，政府應當規定哪些事情？例如自由主義者通常都認為，你要跟哪位成人合意性交，是政府無法正當干涉的事情。自由至上主義者認為，成人在汽車內要不要繫安全帶，政府無法正當干涉。某些保守主義者認為，要不要在中小學教演化論，政府無法正當干涉。至於法西斯主義者與極權派共產主義者則認為，政府有正當性去干涉所有事。

4. 政府應當**如何**執行規則？幾乎沒有人認為政府應當處決所有第一次犯法的人。到底怎樣執法最好且最為正義？這當中有許多複雜的問題。
5. 政府管轄的**地域範圍**（range）為何？也就是說，政府有權對哪些人制定並執行規則？例如美國政府有權說「我們將在全世界將使用大麻定為犯罪，世界各地的人使用大麻都會被監禁兩天」嗎？還是只能在美國境內執行這樣的法律？

總之，所謂的政府正當性，是指政府具有一種可以制定並執行規則的道德力量。但不同的政府正當性概念或理論，對上述問題都有不同的答案。

同樣地，根據定義，如果一個政府有權威性，表示當地人民具有義務去遵守該政府制訂的法律、敕令、命令。而類似於上述正當性的問題，也會出現在權威性上：

1. 決定一個政府是否擁有權威性的因子是什麼？
2. 現實中有任何政府擁有權威性嗎？
3. 政府權威的範圍為何？
4. 關於人民服從政府的義務，其約束力量有多強？（也就是說，推翻或抵消該義務的門檻有多高？）

5. 政府權威性的地域範圍有多廣？

政府的權威性，是一種在發布命令時會創造出道德義務的道德力量。但不同的政府權威性理論，對上述問題都有不同的答案。

無論是無政府主義者（anarchist）、國家主義者（statist）、自由至上主義者，還是極權主義者，都會接受上述正當性與權威性的定義。但他們會爭論，現實中是否有任何政府具備正當性或權威性，如果有的話擁有多少。他們爭論的不是這兩個概念的意思，而是上述兩套問題的答案是什麼。

正當性與權威性彼此獨立

正當性與權威性是兩種**彼此獨立**的道德屬性。大部分的正當性與權威性理論，都想用一些相同的原則作為這兩種屬性的共同基礎，藉此聲稱政府要嘛同時擁有這兩種屬性，要嘛同時沒有。但至少在邏輯上，無論是政府還是任何能夠制定規則的政治實體，都可能擁有其中一種屬性，但欠缺另一種。你不會因為擁有正當性就擁有權威性，也不會因為擁有權威性就擁有正當性。正當性與權威性是兩種不同的道德力量，所以政府可能具備正當性但沒有權威性，也可能具備權威性但沒有正當性，這不會有任何邏輯矛盾。

政府這類的實體會在什麼時候具備權威性，卻不具備正當性呢？這麼說吧，假設有一種叫做「和平君主制」（pacifist monarchism）的權威性理論，主張每個人都有義務服從女王，但同時禁止任何形式的暴力與脅迫。因此，女王不能強迫人民服從命令，不能雇用軍隊或警察，甚至不能用暴力阻止別人的暴力行為。這種政治理論裡面的女王，就具備權威性但缺乏正當性。這理論聽起來很蠢，但並沒有任何邏輯矛盾。

同樣地，在邏輯上，某個政府也可以具備正當性卻缺乏權威性。你可以同時聲稱某個政府可以制定法律，又說該政府管轄下的公民沒有義務遵守那些法律。也就是說，政府可以強迫人民服從，但人民並沒有義務服從（更精確地說，人民可能會因為其他獨立的理由而服從某些規則，但不是因為**政府叫他們這麼做**而應該服從）。例如也許有人會說，政府可以向人民徵稅，但人民沒有義務繳稅，所以可以在不被抓到的時候逃稅。這種說法可能是錯的，但沒有任何邏輯矛盾。[4]

接下來我會提到，「政府有正當性但沒有權威性」這種觀點，這在當下許多研究正當性與權威性的政治哲學家之中可能是主流看法。目前有許多強大的理由顯示某些政府的確具備正當性。同時我會提出「政府有沒有正當性」與「道德平等論有沒有道理」幾乎無關。另一方面，我會指出每一種聲稱政府具備權威性的哲學論證都嚴重失敗。目前幾乎沒有任何理由可以說任何政府具備權威性。說不定世界上根本就沒有權威性這種東西，我們只是很容易受心理影響，認為權威性無所不在而已。

政府的正當性對道德平等論並不重要

為了討論起見，接下來我要暫時同意以下看法：

有夠誇張的民主正當性理論

民主國家的選民無論做什麼天理不容的事情，或者實施什麼極為不公不義的政策，都是正當的。例如只要經過多數選民同意，就能正當地暫時剝奪所有公民自由，並讓每個人永無止盡地承受痛苦。只要民主政府頒布命令，道德上就可以在任何時刻對每個人為所欲為。

當然，沒有任何人會相信這種「有夠誇張的民主正當性理論」。但即使接受了這種「有夠誇張的民主正當性理論」，我還是可以有效主張我的道德平等論。

我之所以會說「民主政府做什麼事情都是正當的」這種說法不會傷害到道德平等論，是因為一旦我們搞清楚正當性與權威性之間的差別，就會知道政府是否有正當性，以及人民是否可以反抗政府幾乎沒有關係。即使「有夠誇張的民主正當性理論」為真，也不表示我們就不能偶爾欺騙選民、一直欺騙選民、殺死總統、毀損政府財產、破壞政府財政之類。後面這些都是懸而未決的問題。

根據定義，如果某個政府擁有做X的正當性，就表示至少在某些情況下，政府在道德上可以運用武力去強制執行X。如果政府擁有發布規則X的正當性，就表示它在道德上可以強制你遵守規則X。不過正如上一節所言，政府可以正當地做X，或者正當地強迫你做X，但不代表你有義務讓政府做X，也不表示你有義務服從政府的命令去做X。正當性與權威性是彼此獨立的兩種屬性，理論上政府可以擁有其中一個而缺乏另一個。光是指出政府可以正當地做某件事，並不能因此說明人民可以用那些方式回應。人民可能沒有義務乖乖就範，甚至可以進行反抗、欺騙政府，或者暴力回擊。

你可以把這件事想像成拳擊比賽。拳擊比賽允許參賽者攻擊對方，所以我們可以說，在比賽中出拳攻擊具有正當性。然而，參賽者也可以躲開或擋下對方的拳頭，他沒有義務站著不動**給對方打**。因此我們可以說，參賽者出拳攻擊具有**正當性**，但沒有**權威性**。政府的狀況可能就是這樣：也許某些政府可以正當地制定並實施規則，但沒有人有義務服從政府。

政府可能完全不具備權威性

民主政府的正當性，本身並不足以捍衛特殊豁免論。但我稱之為「權威性」的這種道德力量，卻可能能夠捍衛特殊豁免論。

下面這樣的理由也許可以用來合理化特殊豁免論：至少某些政府具備權威性，因此至少某些政府享有特殊豁免權。這種論點認為，我們一般而言有義務（general duty）服從政府的職權代理人以及遵守法律，所以即使我們有權阻止平民做某些事，但我們卻無權阻止政府代理人做同樣的事。

不過，用民主政府的權威性來捍衛特殊豁免論，必須面臨一個重大挑戰：我們有強力的理由相信世界上**沒有任何**政府（無論是否民主）具備**任何**權威性。過去三十年來，政府權威性理論在哲學界不斷受到絕大多數研究者的質疑。自從約翰．西蒙斯（A. John Simmons）首開先例討論政治義務之後，大部分研究這個領域的政治哲學家就一直認為某些政府擁有（我所稱的）正當性，但沒有任何政府具備權威性（或說得更精確點，政府可能只對極少數人民擁有權威性）。[5]麥可．修瑪（Michael Huemer）回顧相關文獻後的結論也一樣：「當代大部分的研究似乎都對政治義務（也就是權威性）抱持懷疑態度」。[6]萊斯利．格林（Leslie Green）在《史丹佛哲學百科全書》（*Stanford Encyclopedia*）的相關條目上，也說實地考察的結果指出「每一種聲稱人民有義務遵守法律的主流觀點，都會受到某些合理的反駁……每一種聲稱法律具備權威性的觀點都有明顯的漏洞」。[7]奈德．多博斯（Ned Dobos）的結論也差不多：「目前愈來愈多人認為，所有政治義務理論全都站不住腳。」[8]

雖然大部分的人都相信人民有義務遵守法律，但遵守法律的義務其實可能並不是「不應該為了好玩而傷害他人」這種基本的道德義務，而是某種神祕的義務（如果這算是義務的話）。畢竟如果我們有義務遵守法律，就表示**其他人**可以強迫我們做事，也可以光靠**頒布命令**就解除我們的義務或權利。哲學家在過去的兩千五百年內，試圖用各式各樣的理論解釋政府為什麼擁有權威性，以及人民為什麼有義務遵守法律。儘管目前有少數哲學家認為他們自己的說法站得住腳，但我可以保證，目前沒有任何理論被大多數哲學家接受，而且大多數主流的權威性理論都有漏洞。要討論這些研究，大概得花一整本書的篇幅，[9]以下我只簡述幾個主流理論的漏洞就好。

實際同意論

有很多人（即使不是哲學家，至少也是一般人）都相信一種叫做「實際同意論」（actual consent theory）的理論：該理論認為政府對我們有權威性，是因為我們同意政府的統治。更具體地說，是因為我們與政府簽訂了某種契約，政府同意提供某些福利，我們同意納稅並遵守他們的規定。不過這種理論有個問題：我們與政府的關係裡面，似乎**沒有任何東西能夠表明**我們表達了同意。如果你覺得我們與政府的關係和某種雙方同意的契約很像，感覺就像是在說紅色的大象跟阿拉伯數字三很像。

以下的故事可以用來解釋什麼叫做同意。我最近從吉他中心（Guitar Center）公司買了一把「音樂大帝」（Music Man Majesty）吉他，完成了一次典型的雙方同意（consensual）交易。[10]該交易滿足以下所有條件：

A　我表明自己的意願，我跟銷售人員凱莉說：「我要一把音樂大帝。」

B　沒有人逼我買這把吉他，我也有合理的理由退出交易。畢竟音樂人吉他（Music Man guitars）的老闆史特林·波爾（Sterling Ball）沒有以我的小孩當人質威脅我買吉他。

C 我可以主動放棄交易。如果我說「我試彈了一下之後決定還是不要買好了」，就不會進行交易，凱莉也不會收走我的錢。

D 如果凱莉沒有給我吉他，就不能收走我的錢。吉他中心公司必須中斷交易。

上述四個要件只要少了任何一個，就不算是雙方同意的交易。如果上述的條件A，換成吉他中心公司在我完全沒有說過「想要吉他」的狀況下，就寄給我吉他並拿走我的錢，那就不是同意，而是某種詭異的竊盜行為。如果條件B換成吉他中心的員工拿一把槍指著我的頭逼我買吉他，那就不是同意，而是搶劫。如果條件C換成吉他中心在我說過不想要吉他的狀況下，依然寄了一把吉他給我，那也不是同意，而是它送了一件我不想要的禮物（如果它同時拿走我的錢，那就又變成竊盜了）。如果條件D換成凱莉拿走我的錢，卻沒給我吉他，那就從同意變成了詐欺或者毀約。

實際同意論的問題就在於，我們與政府的關係比較不像雙方同意，反而更像是竊盜、搶劫、我們不想要的禮物、詐欺或毀約。以條件A為例，我們沒有在任何時刻，或做出任何行為表達同意，也從未用簽訂抵押貸款或婚姻契約的那種方式簽訂過社會契約。看看條件B，我們沒有任何合理的方法逃離政府的統治。因為大部分的人都沒有權力，甚至沒有權利搬到外國去住，而地球上所有能住人的地方都被各國政府占領了。所以如果你不服從政府的統治，就只能從世界上消失。至於條件C，政府無論我們有沒有積極反對，都會要求我們遵守規則。至於條件D的問題則如麥可·修瑪所言：美國法院屢次裁定政府沒有義務保護個別美國公民。如果你打電話報警說有人闖進你家，警察卻沒有派任何人來，結果害你被入侵者多次性侵，之後政府還是會要你納稅，去支付這項沒有保護你的「服務」。[11]

假設條件同意論

包括托馬斯·霍布斯（Thomas Hobbes）在內的許多哲學家，都為了回應這種困境而提出了「假設條件同意論」（hypothetical consent theories）。這類理論認為在某些假設條件下，我們**都會願意**服從政府，所以政府具有權威性。

但這類理論有一大堆致命問題。首先，我們在無法確定某個人是否同意的時候，才會用假設的條件猜想他會不會同意。例如當你不省人事地被推進急診室的時候，醫生會過來救你，因為他們相信這種時候如果你醒著就會願意讓他們救你。但如果你真的醒了過來，在完全正常的意識下告訴他們「請不要救我」，他們就必須停止救你。

其次，假設條件同意論最多只能說如果你不同意的話，其實**並不合理**或**並不理性**，卻不能說你有義務同意。即使在某種狀況下，如果你擁有完美的知識而且擁有公平交易的動機，你就會願意將自己的車以一千美金賣給我，但這也不表示你在這種狀況下有義務把車賣給我，更不表示我可以強買你的車。

此外，假設條件同意論以及實際同意論（actual consent theories）都有另一個共通問題：

這些理論似乎都搞錯了承諾（無論是假設的還是實際情境下的）的有效範圍。假設我承諾「因為爸媽幫我很多忙，他們說什麼我都會照做」，但爸媽要求我去殺死某個外國人，或者把某個抽菸的鄰居關進地下室，那麼雖然我答應過要完全服從他們，我也顯然不需要真的去執行這兩項命令。答應別人從事**不道德**行為的承諾是無效的。我不可能因為答應服從別人的命令，就變得有權利去做壞事。在本書的第五章，我會進一步解釋為什麼即使是明確承諾要服從命令的軍人和公務員也有權利不服從，甚至有權反抗那些不公不義的命令與規則。

總之，你不能光靠實際同意論或者假設條件同意論，就成功辯護特殊豁免論。接下來我會在本章進一步討論，為什麼想要捍衛特殊豁免論的人，不能只訴諸政府的一般情況下的權威性，而必須主張政府有某種特殊權威性，有權做出某些嚴重不正義或嚴重邪惡（嚴重到如果是民間人士去做，我們就可以用欺瞞、顛覆、暴力的方式去反抗）的事。要讓特殊豁免論成立，你不能只證明我們有義務繳納合理的稅款，或者遵守合理的速限規定，還必須證明我們有義務在警察過度執法的時候**乖乖讓警察打**。

公平論

權威性的另一個重要理論，是哈特（H. L. A. Hart）提出的公平論（fair play theory），該理論認為人們有義務遵循公平規則的時候，就會產生權威性：「如果一群人願意一起做事，根據規則限制自己的自由，那麼這些人就有權利要求其他因他們的共同行為而獲益的人，以類似的方式遵守相同的規則。」[12]也就是說，如果某些人為了大眾公益而自我犧牲，其他因此獲益的人就有義務為這些公益做出一些貢獻。畢竟別人辛苦種樹，如果你白白乘涼就太不公平了。

這個論證有一大堆已知的問題。羅伯特．諾齊克（Robert Nozick）用「公共廣播系統」（public address system）的思想實驗指出了其中一個問題：假設你的鄰居打造一個社區廣播系統，在每條大街小巷裝上擴音器，讓每一戶成員輪流唱歌、朗誦詩歌、廣播採訪給大家聽，而你相當喜歡。但某一天（例如第一百三十八天），**輪到你**上臺花一整天表演給大家聽了，你有義務乖乖上臺嗎？大部分人都認為「沒有」。雖然這個系統給了你好處，但你沒有義務為此付出。部分原因是，你沒有好方法去**避免**獲得好處。或許你可以搬離社區，但你自己必須因此付出巨大代價。有趣的是，國家提供的大部分福利似乎都會碰上這樣的問題。

不過即使你覺得諾齊克的反駁沒有說服力，反倒是哈特說服了你應該為社群「盡一份力」或者繳稅，你依然不能僅用哈特的論證就成功捍衛特殊豁免論。因為到目前為止，都還無法確定哈特的論證是否能具體證明你有義務遵守任何一條未指定的隨機法律、有義務服從做壞事的政府代理人，或者有義務放棄保護自我或他人的權利。哈特的論證也許可以順利解釋為什麼我們應該繳納合理的稅款去養警察，或者為什麼我們被抽中擔任陪審員的時候應該乖乖去當。但我們很難說他的論證證明了：「國家提供的公共利益幫助了你。因此為了避免有人不公平地搭便車，你除了必須納稅並擔任陪審員，還必須允許總統消滅並強制遷移美國原住民部落。你必須允許警察把民眾壓在地上上銬，掐住民眾的脖子讓民眾死亡。你必須允許國會對任意目標發動戰爭。你必須允許警察以吸食大麻或販賣重量杯飲料的罪名逮捕你。」後面這些事情都和盡一份力、不占便宜、不搭便車沒有關係。

本段摘要

以上我只列出權威性的三大主要理論。權威性還有許多其他理論，但不在此一一贅述。重點是，這些理論都有很大的漏洞，而且我相信提出這些理論的人也會同意。

當然，即使目前所有證明政府具有權威性的主要理論都失敗，也不必然表示政府不具備權威性。不過可想而知的是，如果試圖證明X的所有方法都失敗，這些失敗的嘗試多到某個程度之後，就會開始變成支持「非X」的證據。大部分的人都相信政府具備權威性，即使是在不自由的國家被嚴重貪腐的政權管轄的人民，通常也都相信他們的政府具備正當性與權威性。不過如果政府真的具備權威性，那麼照理來說應該可以找到一些或好幾組相關的道德屬性，去解釋權威性**怎麼來的**（每個人都會同意，政府具備權威性不可能只是因為它們「身為政府」而已）。而如果這些屬性真的存在，照理來說人們遲早會找到它們。所以，奇怪的是，過去兩千五百年來許多非常有才華的人投注大量心力找這些屬性，卻不知道為什麼全以失敗告終。[13]

此外，我們有充分理由認為，即使政府並不具備上述的權威性，人們也會相信政府是權威的。大部分的實證研究都指出，人類有一種相信他人具備權威性的心理偏誤，即使別人顯然一點也不權威，我們也會這麼以為。[14]而政府總是盡其所能地強化這種心理偏誤。

當然，也許上述論述都是錯的。也許某些政府真的具備權威性，只是我們還沒找出原因而已。不過接下來我要說，即使政府真的一般而言都具備權威性，特殊豁免論也不會直接成立。要讓它成立，還需要其他理由。

權威性並不是非一即百

即使先不管哲學文獻怎麼說，我們假設民主政府的確具備某種權威性，而且假設我們成功地證明了這項偉大的理論；但如果想要捍衛特殊豁免論，我們依然需要一些其他的東西。

因為政府可能在某些事情上有權威性，但在其他事情上沒有。其實目前所有相信民主政府有權威性的人，也都認為政府的權威範圍是有限的。而且在美國也幾乎沒有任何人認為政府在**所有事情**上都有權威性。打個比方，如果美國政府立法規定所有人改信天主教，保守派一定會說我們沒有義務遵守**這種法律**，即使政府廢除了憲法第一修正案（First Amendment）[*2]，保守派還是會堅持我們沒有義務遵守這種法律。而如果政府立法禁止同性性行為，那麼自由派一定會說我們沒有義務遵守這種法律。

此外有些人則認為，某些考量比服從政府的義務更重要。即使我們接受政府通常在許多事情上具有權威性，這種權威也不是絕對的。例如，如果我們必須保護他人不受嚴重傷害，或者必須實現一些其他比服從民主政府更重要的義務，那麼民主政府的權威性可能就不會是第一優先。

即使大部分人都相信我們通常有義務遵守法律（如果是這樣的話，我認為他們搞錯了），他們也不會認為（民主）政府制定的每一條法律、敕令、規章、命令都具備權威性。

上一章說過，一般常識都認為，當我們必須保護自己或他人不受**嚴重**傷害或**嚴重**不正義的時候，有權行使暴力、欺瞞、顛覆、破壞等等防禦性行動。所以如果要用權威性來辯護特殊豁免論，就必須證明民主政府的代理人具有某種權威性，讓他們可以造成嚴重的傷害與不正義，而且不會像平民一樣因此讓其他人有權行使防禦性行動。這表示光是證明政府在制定道路速限或者為真正需要的公共利益徵稅這類事情上具備權威性，還不足以讓特殊豁免論成立。要讓特殊豁免論成立，你得證明政府擁有某種**特殊的**權威性，有權做出嚴重不正義之事。

有了上述這些分析，我們現在來一一檢視下列事項的正當性與權威性是否成立：

1. 某一特定種類的政權（例如神權政體）的正當性與權威性。
2. 特定政府（例如美國政府）的整體正當性與權威性。
3. 某政府內特定部門（例如美國的聯邦準備系統〔Federal Reserve〕、緝毒局〔Drug Enforcement Administration〕、國土安全部〔Department of Homeland Security〕）的正當性與權威性。
4. 政府特定行為與程序（例如司法審查、陪審團審判、無限期拘押所謂的「敵方戰鬥員」

---

*2 譯注：美國憲法第一修正案禁止國會制定任何法律訂立國教或妨礙宗教自由。

〔enemy combatant〕）的正當性與權威性。

5. 特定法律、命令、條例（例如美國禁止使用大麻的刑法，或者以前的《康斯托克法》〔Comstock Laws〕）[*3]的正當性與權威性。

6. 特定行動與裁定的正當性與權威性（例如斯科特訴桑福德案（Dred Scott v. Sanford）有權威性嗎？[*4]發動美西戰爭（Spanish－American War）有正當性嗎？[*5]人民有義務讓政府發動戰爭嗎？一八三〇年的《印第安人遷移法案》（Indian Removal Act）有正當性或權威性嗎？）。[*6]

這些問題都很重要。某件事物有權威性不代表另一件事物也有，某件事物沒有權威性也不代表另一件事物沒有。[15]此外，正當性與權威性所指涉的層級也經常不同。像是羅爾斯的《正義論》（*Theory of Justice*）和大衛．艾斯倫（David Estlund）的《民主的權威性》（*Democratic Authority*）都花了大量篇幅去討論哪些種類的政治與經濟實體具有正當性與權威性。所以他們的焦點幾乎都放在上述的第一個問題上，但對其他層面幾乎沒有著墨。

每個想要用政府權威性來捍衛特殊豁免論的人，都有義務回答一個重要的問題。他們不能只是證明政府具備某種一般情況下的權威性，還要提出一種理論去說明民主政府的官員具備某種**特殊的權威性**，有權做出嚴重不正義之事，而且不會像平民一樣因此讓其他人有權用暴力、顛覆、欺瞞等方式來阻止他們。

為了解釋這個問題的重要性，讓我們先想像下列情境：比爾在某個總體而言具備權威性的政體中合法當選總統，因此是具備權威性的總統。但如果比爾要求實習生和他進行性行為，那麼雖然總體而言他具備權威性，但是卻顯然不會在這件事情上具有權威性，所以實習生也沒有義務滿足他的要求。如果比爾強迫實習生與他發生性行為，實習生可以在必要時刻用暴力（甚至是致命武力）保護自己。除非我看見其他合理的反面論證，否則我認為所有能夠推論出實習生必須乖乖與比爾發生性行為的權威性理論都不成立。

不過，對上述案例提出反駁的困難度似乎不是很高，因為比爾並不是以總統的職權提出性要求。既然如此，讓我們換個例子。假設一八五〇年代，某位警長根據《逃亡奴隸法》（*Fugitive Slave Act*）逮捕了一名逃亡奴隸，*7 而我為了解救奴隸，開槍射擊了警長。在此案例

*3 譯注：一八七三年制定的聯邦法，加強查禁傳播任何猥褻的思想、書籍、圖片，以及任何避孕、有助流產的用品。該法在一九六五年廢除。

*4 譯注：一八五七年的判決。最高法院裁定非洲奴隸後裔即使成為自由人，也不會是美國憲法中的公民，因此不具備公民相關權利；而且如果進入自由州之後返回原所在地，身分為自由人還是奴隸是由原所在地的州法院單獨決定，聯邦法院無權決定。

*5 譯注：一八九八年美國為了奪取西班牙在美洲與亞洲的殖民地而發動的戰爭，最後西班牙放棄了古巴，美國奪得關島、波多黎各、菲律賓。

*6 譯注：美國為了讓東部印第安人「自願」遷走而制定的法案，規定印第安人對土地只能有使用權不能有所有權。最後引發了與原住民塞米諾爾人之間的第二次塞米諾爾戰爭。

*7 譯注：規定各州（主要影響北方的自由州）的政府與司法機構必須協助奴隸主逮捕逃亡奴隸；而且任何協助奴隸逃亡或阻礙追捕者的行為均會被處以徒刑或罰金。

中，即使當時的美國政府一般情況下具備正當性與權威性，我們也很難聲稱人民有義務讓政府強制施行奴隸制。除非我看見其他合理的反面論證，否則我認為所有能夠推論出我們必須放任警長逮捕奴隸的權威性理論都不成立。

再舉個例子。假設目前美國政府舉辦全民公投，決定要不要用核武轟炸太平洋小國吐瓦魯（Tuvalu）。所有選民都去投票了，而且除了我之外大家都投「贊成」。但我知道核武轟炸吐瓦魯是不合理的。那麼在這種狀況下，我就顯然沒有義務放任政治領袖遵循選民的決定去轟炸吐瓦魯。也許有一天會有人證明，根據正確的政府權威性理論，民主政府有權威在沒有合理理由的情況下用核武轟炸其他國家。但在我看見這樣的論證之前，我認為所有能夠推論出我必須放任政府這麼做的權威性理論都不成立。

由此可知，我們無法光靠政府一般情況下的權威性，就證明特殊豁免論成立。想藉由權威性的討論來讓特殊豁免論成立的人，還需要額外證明一些東西。他們除了證明民主政府具備某種一般情況下的權威性之外，還得證明民主政府具備某種特殊權威性，讓政府代理人有權造成嚴重的不正義或嚴重傷害，而且不應該因此被欺瞞、被攻擊、被殺害。

以適任原則來反駁政府的權威性

在此做個整理：支持特殊豁免論的其中一個論證是，政府具有正當性與權威性，**所以**享有特殊豁免權。[16]但之前我們已經知道，政府的正當性並不影響特殊豁免論是否成立，重要的是權威性。而且我們也知道，即使如此，這種論證也得面對很人的挑戰。首先，我們並不確定有沒有**任何**政府具備**任何**權威性。所有證明政府具備權威性的主要論證都失敗了，說不定「我們有義務遵守法律」的想法只是某種常見的迷思。其次，即使政府真的具備某些一般情況下的（例如要求你納稅的）權威性，我們還是需要額外證明政府具備某些有權造成**嚴重不正義**或嚴重傷害的特殊權威性，才能藉此成功支持特殊豁免論。

接下來我要在這一節提出挑戰。我認為政府代理人不具備有權造成嚴重不正義或嚴重傷害的特殊權威性。我會討論許多政府造成嚴重不正義或嚴重傷害的例子，還有前兩章提到的大部分例子，但這些例子並未包含所有狀況。

接下來讓我們想像一下，有六位被告分別面臨一級謀殺罪的審判，如果他們被判有罪，就會面臨多年監禁、終身監禁或死刑。但執行審判的六個陪審團都有一些缺點。請思考一下陪審團是否可以合理地要求被告接受判決結果。

第一個陪審團的缺點是**無知**。他們不在意案件的細節，也不在乎事實。要投票的時候，每個人就丟硬幣決定，最後判被告有罪。

第二個陪審團的缺點是**不理性**。他們重視證據，但卻用不理性或荒謬的方式思考事情。例如他們認為，證據表示被告是一名想要征服地球的邪惡外星人，因此有罪。

第三個陪審團的缺點是**能力不足**。他們努力做出一場公正的審判，但某些陪審員笨到無法正確理解證據，某些陪審員則因為視力或聽力的問題漏掉了某些證據，因此沒有任何人掌握到事實。最後他們判了被告有罪。

第四個陪審團的缺點是**輕率**。他們掌握到了某些事實，只要認真思考就可以做出公正的判決。但陪審員都等不及想要吃午餐，於是就在沒有認真思考的情況下決定判被告有罪。

第五個陪審團的缺點是**偏見**。該庭的被告是黑人，而陪審員都認為所有黑人都既可怕又危險，所以即使證據並未顯示被告殺人，陪審團依然判決被告有罪。

第六個陪審團的缺點是**腐敗**。他們判被告有罪不是因為證據這麼說，而是因為每個人都收了賄賂。

捫心自問一下：如果我們知道陪審團是用上述任一方法做出判決的，我們還有義務服從判決嗎（也就是說，我們會允許他們強制實施這些判決嗎）？

直覺上，這些判決完全沒有任何正當性或權威性。如果被告知道陪審團是這樣做出判決的，道德上就沒有義務要服從。[17]同時，陪審團也沒有理由要求被告因此接受懲罰（但如果被告真的有殺人，還是有其他獨立的理由要求他接受懲罰）。

為什麼我們在道德上會這麼想？因為陪審團具有下列特徵：

1. 陪審團有義務思考如何運用正義原則，做出重要的道德決策。它是伸張正義的途徑，身負特殊的義務。

2. 陪審團的決定會嚴重影響被告與其他人未來的人生。他們可能會剝奪被告的生命、自由、財產，也可能造成嚴重或長期的傷害。
3. 陪審團所屬的系統，壟斷了判決該案件的管轄權。該系統聲稱只有自己有權管轄該案件，而且希望被告與其他人接受且遵守系統的決定。
4. 陪審團的決定，會透過暴力或暴力威脅的方式，在非自願的狀況下強制執行。

這些理由似乎都足以顯示，陪審團對於被告，以及對於陪審團所代表的其他公民具有強大的義務；而且陪審團是否具備正當性與權威性，也取決於他們是否履行這些義務。[18]

根據這四個特徵，可以導出我所謂的「適任原則」：

> 人們有權要求，高風險的決策必須由能力足夠的人，在能力足夠的狀態下，以善意方式做成。如果決策機構的成員能力不足、在能力不足的狀態下做決策，或者帶有惡意，那麼讓決策去強制剝奪人民的生命、自由、財產，或對生涯發展機會造成重大損害，就是侵犯人民權利的不公不義。只有由能力充足的政治機構，在能力充足的狀態下，以善意方式做成的政治決策，才具備正當性與權威性。

適任原則的其中一項根據就是，讓人民承擔過高的風險是一件不公不義的事情。上述案例的陪審團都過於疏忽被告。從被告的角度來看，陪審團的決定攸關重大，而且可以無視意願影響被告的生命。因此，陪審團有義務足夠仔細地做決定。

適任原則似乎不僅適用於陪審團，也適用於其他決定。警察、法官、政治人物、官僚、立法機關做出的那些任性、輕率、不理性、惡意決策，通常都會讓百姓付出高昂代價。[19]政府的決策具備以下關鍵特徵：

1. 政府負責做出許多重要道德決策，包括如何運用正義原則，以及如何建構社會中的許多基礎體制。而政府是彰顯正義的主要管道之一。
2. 政府的決策通常會產生重大影響，可能會明顯傷害到人民的生涯發展機會，剝奪人民的生命、自由、財產。
3. 政府主張某些事務的專屬管轄權，並要求特定地區的人民遵守。他們希望民眾同意並遵循政府的決策。
4. 政府可以藉由暴力或者暴力威脅，強迫人民接受其決策。

無論是個別公務員、行政單位、政府部門、行政機關，或整個政府，都可以剝奪人民的生命、自由、財產。他們手中的權力就像陪審團一樣可能造成巨大危害。同樣地，他們也像陪審團那樣，會主張自己具有某些事物的專屬管轄權與統治權，並且可以強迫無辜的（或者可能無辜的）民眾違反自身意願遵守其決策。最後，他們也和陪審團一樣，負責制定並執行重大的道德決策，以及決定如何運用正義原則。

照理來說，如果被告有權不接受不適任陪審團的判決，無辜百姓應該也有權不接受高風險的劣質政治決策。同樣地，如果法庭判決的正當性與權威性取決於陪審團的適任程度與善意，那麼所有政府決策也都應該適用相同的判準。如果只有那些大體來說善意而可靠的陪審團做出的判決，才能讓陪審團制度具備正當性與權威性，那麼所有其他政府部門、行政機關，以及政府行為的正當性與權威性也應該適用相同的標準。

適任原則本身並不是一套權威性或正當性的完整理論。但不論最佳的權威性或正當性理論是什麼，該理論都應該將適任原則納入其中。權威性與正當性的理論，通常包含兩類不同的原則。第一種是失格原則（principles of disqualification），又稱為**失格判準**（disqualifier），用來解釋某些政權、個人、機關、決策、行動為什麼**不具備**權威性或正當性。第二種是適格原則（principles of qualification），又稱為**適格判準**（qualifier），用來解釋某些政權、個人、機關、決策、行動為什麼**具備**權威性或正當性。

適任原則是一種失格判準。它不是要解釋為什麼可以合理讓任何人擁有權力，也不是要解釋為什麼任何政府或政府代理人會具備正當性或權威性。該原則只是要說有兩種原因會讓某些人、機關、行動、決策**缺乏**權威性和正當性：第一種是決策者的能力具有系統性缺陷或者不值得信任；第二種則是決策者在能力不佳、帶有惡意、任性、不誠實的狀態下做出了某個決策。

適任原則會讓捍衛特殊豁免論的人面臨額外挑戰。我們回頭看看之前的三個例子：

A' 槍擊廂型車

安在路邊看到一名警察攔下一輛廂型車，車裡有一名女性司機，後座有三個小孩。司機兩手空空放在方向盤上。警察下了警車走出來，開始朝廂型車的窗戶開槍。安身上有槍，於是她在警察殺死任何一名孩子之前，先向警察開槍。

B' 喝茫的駕駛

羅尼酗了整夜的酒，然後在高速公路上超速。警察想把羅尼攔下來但他不聽，更和警察展開一場飛車追逐戰。最後警察還是把羅尼攔了下來，但卻不只是把羅尼從車裡拖出來上銬，而是在羅尼被制伏、趴在地上之後，繼續輪流用警棍毆打。看見這場毆打的安，大喊著請警察住手，警察卻不理她。她只好舉起槍瞄準其中一個警察射擊，阻止這些人繼續打下去，因為他們一不小心可能把羅尼打死。

E' 魔王總統

沃克是某國總統。他發動過一場顯然不公不義，但許多人毫無理由地以為是正義的戰爭。因為他的緣故，政府白白犧牲了成千上萬的軍人，殺害了成千上萬的他國士兵與無辜百姓。這場戰爭讓天文數字的財富付之一炬，餘波害死了難以計數的百姓。如今，沃克又想在另一個國家發動一場不公不義的戰爭。安試過各種和平手段但都無法成功阻止，在無可奈何之下，只好拿起狙擊槍殺死沃克。她成功地阻止了那場戰爭，因為下一任總統比較沒那麼好戰。

這些案例中的安，不但都能夠合理地相信壞人做的事情是不正義的，也都能合理地相信壞人能力不足或帶有惡意。例如，照理來說，警察應該知道不該對滿是兒童的廂型車開槍。政府代理人做出不義行為時，往往能力不足而且帶有惡意。因此除了這些行為違反正義以外，我們還可以根據其他獨立的理由判定這些代理人喪失了原本可能擁有的一切權威性。當然我們也得承認，並非所有不正義的案例都能套用適任原則，例如前一章講到的這個案例就不行：

G' 合法監禁

地方檢察官鮑伯和許多鎮民一樣相信安殺了人。有一天他讓警察逮捕了安，在地方法院起訴。鮑伯對於正當程序極為狂熱，確保該審判程序沒有問題。安其實沒有殺人，但在法庭上被判有罪，陪審團決定判處終身監禁。後來安提起上訴，依然被駁回。於是她在獄中偷偷打造一把小刀，抓準某次機會刺傷獄卒，逃了出來。

我在G'中明確指出，雖然法庭的答案是錯的，但審判過程的能力與善意都沒有問題（安是無辜的，但陪審團排除一切合理懷疑之後認為她有罪）。所以適任原則無法在這種情況下讓政府的權威性失效。只不過直到目前為止，也還沒有任何哲學家提出夠好的論證，證明政府在這種情況下的確具備權威性。

道德平等論的論證會因此失去必要性嗎？

很多哲學家都覺得政府代理人（至少民主國家的職權代理人）顯然享有某種特殊豁免權。他們認為這種特殊豁免權的基礎，是政府的正當性與權威性。但正如之前所說，這種乍看顯而易見的說法其實充滿問題。首先，即使政府真的擁有為所欲為的正當性，嚴格來說也不表示人民必須服從政府，人民還是可以用反抗、規避、無視、不服從的方式來回應政府的行為。真正會影響人民是否需要服從的，是政府是否擁有權威性。其次，如果你認真檢視過去兩千五百年的相關研究，就會發現我們似乎可以合理地相信政府並不具備任何權威性。因為過去的哲學家提出的每一種政府權威性理論似乎都有漏洞；而且人類似乎具有某種心理偏誤，會憑空相信一些不存在的權威性。第三，即使我們暫時忽略第二點，假定政府一般而言擁有權威性，但這也無法成功辯護特殊豁免論。要成功辯護，你得證明政府擁有某種有權**造成嚴重不正義**的權威性，讓我們不能像平民做類似事情的時候一樣，對政府行使防禦性行動。第四，適任原則讓我們可以合理相信許多政府的不正義行為都不具備權威性。根據適任原則，除非政府決定造成嚴重不正義的時候能力充足而且立意良善，它才有可能具備權威性，而其他情況下都不具備。

也許會有人質疑，如果政府不具備權威性，那麼我是否根本不需要花力氣撰寫本書的論證呢？畢竟政府享有特殊豁免權的最佳解釋，就是政府具有權威性。如果政府沒有權威性，特殊豁免論當然就不成立，而道德平等論也就顯然為真了，不是嗎？

對此，我可以這樣回應：我只是要指出人們經常忽略了政府權威性垮臺之後會造成的某些影響。如果政府權威性不成立，那麼這不僅表示我們沒有遵守法律的義務，更表示政府代理人做壞事的時候，我們可以像對待庶民一樣，用防禦性暴力、顛覆、欺騙的方式來對付它們，不需要給政府什麼特殊待遇。另一方面，正如接下來幾章所言，許多目前公民不服從的主要理論，都假設了政府具備造成嚴重不正義的特殊權威性，或者至少假設了政府具備一般情況下的權威性。但因為政府有可能**完全不具備**任何權威性（自然也就不可能具備造成嚴重不正義的權威性了），所以公民不服從的理論有修改的必要。而後者也正是本書的目的之一。

不過有趣的是，即使政府不具備權威性，也不會讓本書的論證失去必要性。翻到下一章，你就會看見特殊豁免論還有許多乍看合理的辯護理由，而且這些理由全都不需要假設政府具備權威性。

第四章

其他支持特殊豁免論的通用論證

接下來我們來檢視一些特殊豁免論的常見論證。下列每一個論證都想證明政府與代理人因為具有某個屬性，所以擁有特殊豁免權，或者人民更應該服從。但每一個論證都失敗了。

反私刑論

也許有些人會說，對政府代理人採取防禦性行動是一種不被允許的私刑正義（vigilante justice），所以特殊豁免論是對的。例如艾斯倫就說：「在適當的司法體系存在時，私刑正義通常都是錯的」，而且「只要有一個不訴諸私刑的審判與懲罰體系存在，私刑在道德上就是錯的。」[1]這種反對私刑正義的論證很常見，像是約翰．洛克（John Locke）就認為，在自然狀態下我們都有權懲罰侵犯權益的人，但我們深受偏見所害，往往寬以律己、嚴以待人，所以會因為私刑釀出各種「問題」，並且因為對於私刑做法的歧見而彼此衝突。因此洛克認為，我們應該建立一個盡可能公平公開的司法體系，克服個人的偏見，解決這些「問題」。等到這套體系建立起來，我們就應該服從，不要再使用自己的私刑權利。[2]

為了論證需要，我可以先假設只要存在一個公正有效的公共懲罰體系，我們就絕對不該允許私刑。但即便有這個假設，特殊豁免論還是無法成立。

這邊所謂的「反私刑論」（antivigilantism），似乎把「對違法者採取防禦性行動」跟「懲罰他人」混為一談。照他們的說法，百姓在某些情況下應該把所謂的「自然懲罰權」（natural right to punish）移交給國家。但防禦性行動與懲罰權無關。無論是第二章的例子A－M還是

A'－M'，都沒有允許故事中的安懲罰任何人。即使我認為安可以阻止鷹派總統，也不表示我認為安有權**懲罰**他，最多只是說她有權為了阻止總統殺死無辜民眾而攻擊他。即使我主張政治人物可以為了阻止糟糕的候選人當選而欺騙糟糕的選民（這件事我會在第六章詳述），我也不認為他因此有權懲罰選民。防禦性行動與反對私刑之間似乎並不衝突。

當然，我們還是可以試圖補強說，我們有義務讓**政府官員**主持正義、保護他人之類的，所以碰到問題我們應該找警察，不應該使用私刑。

但即使用這種方式補強了反私刑論，還是無法讓特殊豁免論成立。因為它完全無法讓我們知道案例A－M與A'－M'之間有什麼差異。依照反私刑論的說法，我們不應該自己主持正義，只應該讓政府來執法。照這種說法，無論是「公園裡的槍擊犯」還是「槍擊廂型車」，安都沒有等警察來阻止壞人，就自己「私刑執法」，所以她是錯的。因此，如果反私刑原則可以解釋我們為什麼不能對案例A'－M'的民主政府代理人行使防禦性行動，它似乎也表示我們不能阻止案例A－M裡面的壞人。

請注意，要辯護特殊豁免論，你得找到一種反私刑論，讓我們可以在案例A－M進行防禦性行動，但在A'－M'裡面不能做。否則你就不是在辯護特殊豁免論，而是在辯護某種特殊版本的道德平等論，讓我們無論如何都不能行使防禦性行動。但這會違反我們的道德常識。

也就是說，如果反私刑論認為我們在案例A－M裡面也不能使用暴力，它會變得很不合理。如果我們有一個公正有效的系統可以主持正義，我們似乎應該服從該系統。但案例A－M

全都是緊急狀態，在這種狀況下，如果還要等政府來解決問題，就跟坐視被害者受苦沒兩樣。如果政府解決問題的效率比較高，而且真的有在解決問題（或至少催一催就會去解決），那麼反私刑論就有道理，一般百姓應該放手讓政府來處理。但若並非如此，我就看不出什麼明顯的理由可以要求人民服從政府了。比方說，我看到一個男人正要性侵一個女人，我找了附近的警察出面阻止，他們卻說：「抱歉，我們在休息。等一下再來找我們好嗎？」然後我打了一一〇，總機又說：「抱歉，由於現在所有警官均在值勤中，請於當地稍候四十五分鐘。」如果在這種時候反私刑論還要堅持我不能出手阻止性侵，那這個理論不但太荒謬，而且顯然違反普通法裡面的道德常識原則。

再舉一個例子。蝙蝠俠系列作品中的著名反派班恩占領了高譚市，蝙蝠俠想了一個計畫要打倒班恩，這計畫的成功率不低，而且顯然比政府的計畫好很多。那麼在這種時候，該聽令行事的就不是蝙蝠俠，而是政府。難道你要叫政府這樣說嗎？「嘿，蝙蝠俠。我們知道你比較可能成功拯救高譚市，可是對我們來說，由我們作主比伸張正義拯救無辜更重要，所以我們命令你讓開。」不會吧。

所以當政府無法解決問題，甚至不想解決問題的時候，人民似乎沒有義務服從政府。當然，現實生活中的民間義警，幾乎不可能比訓練有素的政府單位更擅長打擊恐怖分子。很多情況下，百姓還是應該乖乖聽政府的話。但如果有一天像案例A－M或A'－M'那樣，你在正確的時間被扔進正確的地點，那麼能夠拯救無辜的人就會變成你，而不是任何一個政府代理人。

和平手段論

另一種論證是這樣的：

民主制度提供了許多和平有效的方法，讓人民推翻不公不義的領導人並將其繩之以法。同時也提供許多和平有效的司法程序，讓人民阻止政府為惡。因此人民應該用這些程序阻止不正義，而非對領袖或政府代理人行使暴力。

乍看之下，這是一種反對道德平等論並支持特殊豁免論的論證，但其實不是。這個論證最多只是在闡釋防禦性行動需要怎樣的但書。無論根據麥克馬漢的理論還是根據普通法，我們都只有在合理相信必須用致命手段才能保護自己或他人免受嚴重威脅時，才應該防禦性殺人。而且如果有其他非致命的手段與殺人同樣有效，我們就不應該殺死壞人。不過，這樣的原則同樣適用於作惡的平民與政府官員，而且其他非致命的防禦性行動，也適用類似的原理。

在經驗上，我們通常比較可能用和平手段阻止民主政府的不當行為，而比較難和平地阻止平民作惡。因此一般來說，必須殺死政府代理人才能阻止惡行的狀況，應該比起必須殺死平民才能阻止惡行的狀況更罕見。但這個主張依然與道德平等論相容，它允許我們在相同的前提下殺死壞人，無論壞人是不是政府代理人。

不過我們要注意，不能把經常為惡的**行為模式**與單一的惡行混為一談。例如以下兩個狀況是不同的：

1. 某城市的警察以貪腐濫權聞名。許多證據顯示他們會剝削妓女、虐待少數民族、向民眾勒索金錢等等。政風處來調查的時候，他們要不說謊，要不守口如瓶。他們比較在乎警察同袍的利益，而不是正義。
2. 安看見警察像羅德尼·金（Rodney King）事件那樣，正在毆打平民。

暴力也許可以阻止第二種情況，但幾乎不可能改善第一種情況。如果安在第二種狀況下對警察開槍，她不是在「糾正」警察的行為，而是在拯救民眾的生命。根據保護他人的道德常識，這種行為是正當的。但如果她想改變的是警察濫權的行為模式，開槍去射擊每一個為惡的警察就不是個好方法，和平的改革手段反而更有效。

接下來，我們再看看之前的兩個案例：

C 健康主義狂人

健康生活大師約翰，真心相信咖啡因對健康不好、會讓人懶惰，而且會讓人容易接近真正的毒品。他宣布為了保護鄰人的健康，促進社會公益，從今天開始要和信徒們一起逮捕喝咖啡的人、沒收這些人的財產、把他們關在約翰骯髒的地下室好幾年。安喜歡喝咖啡，但窮到無法搬離該鎮，於是只好每天早上躲在廚房偷偷喝咖啡。結果約翰的信徒某一天破門而入，想把安抓起來，於是安試圖自衛，失手殺了這名信徒。

C' 向毒品宣戰

鎮長決定立法禁止吸食大麻。但絕大多數的證據都證實，大麻在各方面的危害都小於每個成年人都能自由使用的某種毒品：酒精。安在家裡藏了一罐大麻。某天晚上警察沒敲門就直接闖進安的家。安知道這些人是警察，也知道自己一旦被捕，就會坐很久的牢。她的政府對持有毒品的人判處過重的刑責。當地公民要求修改法律，但政府置之不理。於是安決定拒捕，並溜之大吉。

這兩種狀況之間有個重要的實際差異。有組織的和平政治活動能夠在案例C'中成功推動大麻除罪化的可能性，遠高於在案例C中讓約翰改變態度。因為民主政府本身就內建一些回應人民訴求的機制。其實在我寫這本書的時候，美國就已經有愈來愈多州將大麻除罪化，而且聯邦政府通常也不在這些州根據大麻法律抓人了（聯邦政府目前依然將大麻列為非法。而且嚴格來說，州的法律權威不足以推翻聯邦法）。

請記住，本書的論述重點是人們在面對不正義時能否採取**防禦性行動**，而不是另一個截然不同的相關問題：人們可以採取哪些行動來改變法律？本書要問的是，如果禁止大麻與咖啡因是不公不義的（這假設很簡單吧），那麼你應不應該用暴力來拒捕或拒絕監禁。這問題與你應不應該用暴力、詭計等手段來改變法律不同。請比較以下三種行為：

1. 警察想逮捕持有大麻的安，安手刀打昏警察，趁機逃走。
2. 安是警察，經常遇到持有大麻的民眾。根據法律，她應該逮捕他們；但她每次都選擇不這麼做。
3. 安抱著一顆炸彈衝進緝毒局，威脅該局把大麻移出列管藥物清單。

第三種是試圖用暴力**改變**糟糕的法律，而本書要討論的只有前兩種。

我認為暴力通常很可能不是改變社會的好方法。因為暴力在什麼時候和什麼程度下能發生作用，會受許多微妙的**現實狀況**影響。例如查理・科布（Charles Cobb Jr.）的《那些令你喪命的非暴力》（*This Non – Violent Stuff'll Get You Killed*）以及埃金耶爾・烏姆加（Akinyele Omowale Umoja）的《我們會開火回擊》（*We Will Shoot Back*）這兩本書都提出了有力證據，指出個別的暴力反抗事件是讓整體非暴力黑人民權運動得以成功（至少取得了許多成果）的**必要條件**。烏姆加認為後期的「非暴力」抗爭之所以有用，是因為黑人在早期會用槍枝自衛。黑人一開始抗議的時候，白人祭出刀槍棍棒與私刑，黑人則組成義勇軍武裝回擊，有時候甚至會殺害警察或國民警衛隊（national guard member）。這些暴力反擊讓白人知道黑人不是好惹的，因此改用較不暴力的方式壓迫黑人，而黑人也開始改用我們熟知的非暴力手段來抗爭。但如果黑人一開始沒有暴力自衛，後面這些就都不會發生了。

不過，這些與案例C'的安其實沒什麼關係。案例C'裡面的安沒有任何和平手段避免權利被嚴重侵犯。即使審判結果是無罪釋放，安還是會在那之前先被關上好一段時間，而且得花大錢打這場不正義的官司。

我們可以稍微改一下C與C'：也許安有足夠理由相信自己即使持有大麻，最後也會無罪釋放。但即便如此，她還是得先被關三十天，而且要付一萬美元的訴訟費。同樣地，當她持有咖啡而被案例C的約翰抓到時，她也有足夠理由相信約翰的私人法庭最後會釋放她。但她還是得先被約翰關三十天，而且要付一萬美元的訴訟費。這兩個狀況的安，的確都有良好的「和平手段」防止繼續受到不正義的傷害，但都需要先被關三十天並損失一萬美元。因此，如果你認為這兩個狀況處理的方式應該要有差異，「和平手段」對你的論點就沒有幫助。

立意良善與服從命令

還有人可能會說，平民（A－M）和政府代理人（A'－M'）兩組例子的關鍵差異之一是，平民那組的壞人有邪惡動機。「恐怖分子」的寇布拉司令是存心為惡，「好戰政府」的總統可能則是為了促進國家利益，才使用惡劣的手段。這種論證認為，由於政府代理人是在善意之下試圖運用手中的權力促進公共利益，因此擁有特殊豁免權，我們不應對他們行使防禦性行動。

在此首先要指出的是，即使這種論證真的成功，政府代理人也只有在真的立意良善時才擁有特殊豁免權。如果政府的職權代理人並未抱持善意，這樣的論證就無法反駁防禦性行動的正當性。而事實上，政府代理人在許多時候並未抱持善意，甚至有時帶有惡意（不過他們當然都會假裝自己一片好心）。

除此之外，這種論證與前兩種一樣都有致命漏洞。它沒有指出平民與政府代理人的案例到底有什麼重要差異。即使為了論證需要，暫時接受我們只能在壞人帶有惡意時才對其行使防禦性行動，碰到平民壞人立意良善的時候又該怎麼辦呢？像是例子C「健康主義狂人」，壞人就是相信咖啡因會嚴重傷害健康，**為了要幫助民眾**遠離咖啡因才逮捕他們。

這種論述其實並沒有讓有權反抗政府代理人的條件比有權反抗平民的條件更嚴苛。它最多只能說，兩者的條件是相同的。根據該論述，無論做壞事的是平民還是政府代理人，我們都必須先檢驗壞人是否「立意良善」再決定是否反抗。因此，這種「立意良善論」即使成立，也與道德平等論相容。它不能支持特殊豁免論。

大部分寫過殺戮倫理論述的哲學家都認為，立意良善與否的確很重要。判斷是否應該殺死善意的為惡者，以及判斷是否應該殺死刻意作惡的歹徒，兩者之間不會有同一套道德原則。像是我們可以把「公園裡的槍擊犯」稍微修改一下，變成五個惡意歹徒想殺一個小孩。在這情境下，為了救小孩而殺光五個歹徒似乎是正義的。我們不需要去衡量五條命跟一條命的分量，因為歹徒刻意為惡，小孩卻是無辜的。

但如果狀況換成五個**立意良善**的人，因為真心相信眼前的一名小孩感染了《28天毀滅倒數》（*28 Days Later*）或《我是傳奇》（*I Am Legend*）裡的毀滅性殭屍病毒，而決定射殺他的話，就不太一樣了。假設這五個人經歷了奇怪的事件，因而合理地誤以為（justified though false）眼前的小孩馬上就要變成殭屍，必須搶先殺死以免爆發殭屍疫情，而且安**知道**上述原委，明白這五個人**立意良善**的話，那麼可能就會有人認為這五個人是「無辜的攻擊者」（innocent aggressors）。想要拯救小孩時，也必須考量這五人的性命。[3]

這說法挺有道理的。不過當然還是有人會覺得我們可以殺死「無辜的攻擊者」。這是一個有趣的學術辯論題目，也是防禦性暴力的棘手問題之一。據我所知，目前的主流觀點是我們可以殺死「無辜的攻擊者」，但必須滿足更嚴苛的條件。

不過本書不需要處理上述的爭論。支持立意良善論證的人最多只能聲稱，政府代理人為惡時立意良善的機率，比平民為惡時更高。或許我們會發現根據經驗，政府代理人與平民做出同樣惡行時，前者比較可能是抱持善意的「無辜攻擊者」。但即使如此，我們還是在用同一套道德原則決定能不能殺他們。政府代理人並不享有特殊豁免權，頂多一小部分的政府代理人會因為立意良善而成為「善意攻擊者」。

還有另一種與此主題相關的論證認為，政府代理人有一個關鍵特徵：他們至少在許多狀況下都是聽命行事。因此，我們可以殺死做壞事的平民，但不可以殺死政府代理人。此論證乍聽之下合理，但仔細想想就知道其實它沒有解釋兩者間真正的差異。

別忘了，平民為惡的時候可能也只是聽命行事。如果罪犯頭目要手下殺光安的家人，她在防衛時殺死這些手下就是正當的。案例C「健康主義狂人」也是一樣，即使狂人的信徒只是聽命行事，安殺死這名信徒依然是正當的。

影響我們能不能殺人的關鍵，並不是平民或政府代理人是否聽命行事，而是他們接到的命令是否**正義**。例如越戰的軍官下令士兵屠殺美萊村（My Lai）村民的時候，為了阻止屠殺而殺死聽命行事的士兵就是對的，但如果是警官下令手下逮捕謀殺嫌犯，嫌犯就不應該反抗，因為他無論如何都該被捕並受審。

最後也許有人會說，有時候「聽命行事」的人是受到了脅迫，因此必須以不同的態度對待。例如警察或士兵如果不聽命令可能就會受罰，甚至被處決。麥克馬漢對此的看法是，在脅迫之下對他人造成威脅的人，某種程度上「情有可原」（Excused Threat）。[4]也就是說，因受到威脅而作惡的人不需要負那麼大的責任。但麥克馬漢也說，我們判斷能不能殺死壞人的條件，並不會因為壞人是否「情有可原」而改變。

要了解原因，可以回頭看看案例A「公園裡的槍擊犯」。假設安知道兇手要殺小孩的唯一原因，是因為被一個罪犯威脅說，如果他不殺十個無辜小孩，罪犯就殺了他的兒子。那麼也許這位兇手就不需擔負殺小孩的所有罪責，但安還是有權為了保護小孩而向他開槍。政府代理人的狀況也一樣。如果民主國家以軍法槍決為威脅，命令義務役士兵入侵他國，殺害當地軍人與百姓，那麼雖然這些士兵情有可原，但被入侵國家的軍人、百姓，甚至是我們這些路人，還是有權殺死這些士兵。

當然，還是有一些人認為我們在保護這種受害者時，應該同時考量這些「情有可原」兇手的性命。其他類型的防禦性行動，也有一些類似的爭論。

但無論如何，這套論述還是沒有提出政府代理人與平民之間的本質差異。即使現實中政府代理人真的更有可能「情有可原」，這項事實也不會駁倒道德平等論。因為我們判斷是否應該行使防禦性行動時，並不會因為對方的身分而給予差別待遇。

相信道德平等論會很危險嗎？

我將以下這一種反對道德平等論的理由稱為「危險的誤用」（dangerous misapplication）：

> 我們不擅長判斷後果，而且容易陷入憤怒，想要復仇。如果很多人相信了這本書對於暗殺的說法，可能會有人拿來誤用。如果你在現實生活中認為自己可以攻擊國會議員或總統，你應該提醒自己很可能搞錯了，其實你很可能沒有暗殺的權利。

這種反駁認為我的論證會引火自焚。如果人們聽信了我的說法，就可能誤用在危險的地方。當他們以為自己的行為符合我對於防禦性行動的立場，可能就會用我的說法來幫我並未認可的行為背書。

這種說法與某些反對誤用「人們有權違反不公不義法律」的意見很像。我在第三章曾提到，目前並不確定政府是否真的有任何權威性，至於政府是否具備那些發布不公不義的法律、規定、敕令、命令的權威性，就更可疑了。幾年前我曾和一位法學教授討論這個問題：

教授問道：「所以你認為人們有權違反不公不義的法律囉？」

「當然啊，」我說，「我的確希望人們會這麼做而且不必受罰。」

「可是人們不能因為自己以為某條法律不正義就不遵守吧！你是在鼓吹無政府嗎？」

「沒有啊，你說的情況是人們**自以為**某條法律不公不義。但我說的情況是某條法律**事實上**不公不義。一條法律是否正義是由獨立道德標準判斷的，不是隨便一個人說了就算。不過如果某條法律真的事實上不公不義，人們的確沒有義務遵守。」

「那如果某個人搞錯了怎麼辦？每個人總得自己判斷吧？」他繼續問。

「是啊，但**每個理論**都得面對這樣的問題。每種道德理論都在說『條件A發生的話，你必須做X；條件B發生的話，你不可以做Y』，但這些理論都沒有說『當**你認為**條件A發生的時候，就去做X』，畢竟我們有可能做出錯誤、草率、魯莽的判斷。因此道德理論只會說『條件A**真的事實上**發生的時候，就去做X』。請注意兩者的差別。」

簡而言之，一般討論防禦性行動的理論都說，我們在某些情況下可以行使防禦性行動。這些條件簡稱為C。第二章曾提到，條件C中的一項就是，人們必須合理地相信自己的防衛行為是正當的。有些人未必同意這種看法，他們會說防禦性行動需要更嚴苛的知識性條件：人們的信念必須**有正當理由支持**（justified），或者錯誤機率必須夠低。但我們現在不用處理這個爭議。

道德平等論認為，只要滿足條件C，人們就不僅可以對平民行使防禦性行動，也可以對政府的職權代理人行使防禦性行動。至於特殊豁免論則認為，允許人們對政府代理人行使防禦性行動的條件必須更加嚴苛，或者人們無論如何都不能這麼做。

上述的「危險的誤用」論證，和那些通常用來提醒某些論證會引火自焚的反駁，都犯了一個相同的錯誤：就算大多數人會用錯理論，也不代表理論本身有錯。

舉例來說，（經常有人認為）大部分人使用效益主義（utilitarianism）評斷道德時都會用錯。所有效益主義理論，都主張行為的對錯在某種程度上取決於實際或預期的結果。但許多批評者都說，一般人難以正確使用效益主義，部分原因就是大部分人無法正確判斷自己的行為可能產生怎樣的後果。

請注意，這並未證實效益主義是錯的。即使每個人都不斷誤用效益主義，效益主義本身依然可能是對的。[5]例如大衛・布林克就指出，效益主義是在找一套**判斷行為是否正確的標準**，而非一套**做決策的方法**。[6]這兩者的差別如下：

- **行為判準**（**Criterion / Criteria of Right**）：一條或一組讓我們判斷對錯的原則。它解釋為什麼某些行為是對的，某些是錯的；某些事必須去做，某些則超出我們的義務；某些事可以做但不必做，某些則不可以做。
- **決策過程／決策方法**（**Decision Procedure / Method for Making Decisions**）：一整套幫助我們的行為符合道德要求的東西。它可能是一套原則、提問、思想實驗、形象化方法、呼吸導引、身體導引，或任何類似之物。

上述兩種是彼此迥異的。效益主義的功能是解釋行為的對錯，而它本身是否成立，與具備各種心理缺陷的人類是否能有效地在行為當下運用效益主義來做決策，是兩件不同的事。效益主義本身可能是對的，但有效幫助人們做出對錯決策的方法，可能並非讓他們在行為當下思考哲學問題，而是使其想像爸媽看到這些行為會怎麼想，或者是他們之後要怎麼跟別人解釋自己的行為。也許人們應該遵循經驗法則去做事。也許人們在衝動的時候應該先停下來數到十，然後聽自己的直覺怎麼說。不過如果你是《歡樂單身派對》（*Seinfeld*）劇中的喬治・科斯坦扎（George Costanza），也許最好的決策方法就是去做與直覺**相反的事**。正確的行為判準會適用於每一個人，但有用的決策方法會因各人心理特質而異。

包括約翰・彌爾（John Mill）在內的許多效益主義者都認為，雖然效益主義可以告訴我們什麼行為是對的或錯的，但一般人還是應該用簡單的道德原則（例如不可殺人、不可偷盜之類）來過生活，而不要去計算每個行為可能產生的後果。效益主義可以指出行為背後的對錯理由，但對一般人而言，它在決策什麼該做、什麼不該做的時候實在沒什麼用。因為計算太複雜了。

物理方程式掌握了世界的真相，可以算出棒球為什麼會落在某處。但這些計算很難，而大部分的外野手都不是人肉計算機，如果他們用這些方程式去「算」球會落在哪裡，在他們做完運算之前球就落地了。所以，他們事實上是用各種心理或運動技巧來接球。物理方程式可以解釋球會落在哪，但不會告訴你該怎麼接球。

撒謊、搞破壞、摧毀東西、暴力行為都很危險。每個人都該明白自己很容易犯錯，而且防禦性行動在道德上有許多風險。此外，有種東西叫知識不確定性（epistemic uncertainty）：我們未必知道真相是什麼。

舉例來說，假設安看到一名警察正要槍斃某個人，她應該拔槍阻止警察嗎？有人會用以下的理由反對：

警察想要謀殺無辜民眾的狀況很罕見。雖然眼前的警察**似乎**就是在這麼做，安還是應該姑且先相信警察的行為有正當的理由。至少在掌握更多資訊之前，她不應該出手。

我將這種反駁稱為「知識不確定性反駁」。其實它滿有道理的。不過仔細想想，就知道它並不能成功辯護特殊豁免論。

記得嗎？行使防禦性暴力的要件之一，就是防衛者必須**合理地**相信如果不這麼做，就無法阻止攻擊者造成嚴重的不正義或傷害。正如之前所言，我們可以討論防衛者的信念背後必須有多強大的正當理由，也可以討論不同情況下的「合理相信」條件是否相同。但有這些爭論不代表這裡的問題很有爭議。畢竟某些信念顯然是合理的，某些顯然不是，某些則是位於會引發合理爭議的灰色地帶。但儘管如此，重點依然是只要防衛者的信念有足夠的正當理由，而且滿足其他防禦性行動所需的條件，就可以行使防禦性行動。防衛者不需要確定自己的信念是對的。

這會衍生出一個有趣的問題：看到政府代理人做出看起來像不公不義的行為時，我們該怎麼推論？雖然美國警察濫用暴力的現象十分猖獗，但如果你每次看到警察攔下某個看似酒駕的司機來就立刻出手阻止，那也太過荒謬。通常來說，如果司機是白人，警察不會過度使用暴力，而會以專業的態度謹慎處理。但即便如此，如果我看到警察直接把司機從車裡拖出來打、用槍管狠揍一頓，那麼即使警察此舉**有可能**是為了保護自己的安全，但最可能的解釋依然是他正在過度執法，所以是防禦性行動的正當目標。

有些時候，即使我們並不知道事情的細節，也可以合理地假設政府所做的事情違反正義。例如你知道證據指出無人機誤殺平民的比例和殺死平民的數量都高得讓人無法接受[7]，你可能就會覺得去擊落每一架眼前出現的軍方無人機並沒有道德問題。

最後，上述這些論點都沒有指出政府與人民之間到底有什麼重要差異。它們最多只能說，我們在判斷他人意圖的時候必須參考統計結果與背景資訊。當我們看到兩個人都在做某件乍看之下不公不義的事情時，我們可能基於之前對這兩個人或其他類似人物的了解，而判斷其中一個人比較可能有正當理由，另一個比較不可能。舉例來說，我可能在街角看到警察用警棍打人，或者看見某個平民用球棒毆打另一個平民。根據統計，警察有正當理由打人的比率比平民更高，所以後面那個場景比前者更可能違反正義。我們決定行使防禦性行動的時候，必須考量上述的因素。但這些都只證實，有時候那些**乍看之下**不公不義的政府代理人，實際上比做同樣事情的平民更可能擁有正當理由。但這與道德平等論完全沒有衝突，而且不會禁止我們在案例A'－M'中行使防禦性行動。

總之，我們在現實世界中（根據本書的論證）判斷是否有正當理由行使防禦性暴力或防禦性行動時，應該特別謹慎，問問自己是不是搞錯了。但這不表示我們永遠都不能行使防禦性行動，也不表示政府代理人擁有特殊豁免權。

儘管這麼說，我還是很好奇上述這種反駁方式會不會打到他們自己的臉。一般來說，這裡的顧慮是人們在認知層面會犯錯：在事實上不應該反抗的時候，**誤用**這套理論去反抗政府代理人。不過現實中比較常見的狀況，似乎反而是人民在不應該服從的時候去服從政府。大部分的人都相當聽話，習慣服從權威，而且很容易被威脅。即使看到警察快把人打死了，他們也不會出手阻止，只會把經過錄下來傳到 YouTube 上。反倒是政府在不公不義的戰爭中下令殺死外國人的時候，他們通常都會照做。

米爾格蘭實驗（Milgram experiment）[8]似乎表示即使別人命令我們做不道德的事情（實驗中是對別人施以可能危及生命的電擊），我們也會聽命行事。在社會壓力面前，我們通常都是**不吭一聲的懦夫**。

在史丹利・米爾格蘭（Stanley Milgram）的實驗裡有兩位「實驗對象」。真正的受試者扮演老師，另一位請來的演員則扮演學生。實驗者告訴兩位「對象」這個實驗的目的是要測試人類的記憶能力。老師的任務是提出問題，如果學生答錯了，老師就要用電擊來懲罰學生。電擊的強度每升一級就增加十五伏特，較高壓的部分貼有「危險：高強度電擊」之類的標籤，最高強度則貼了「XXX」。

研究人員讓「老師」看見「學生」被銬在椅子上接上電極，然後把「老師」帶進另一個房間開始出題。這些「學生」根據預先寫好的劇本不斷答錯，然後被電擊，在某些實驗的版本裡，他們還慘叫，或者說自己心臟有問題。不過無論是哪個版本，「學生」最後都會被電得失去反應，在「老師」的眼中就像死了或昏迷一樣。過程中，只要「老師」表示事情不大對勁或者說想要暫停，實驗人員就會照著劇本回應「實驗要求你繼續」或「請繼續」。如果「學生」沒有回答，實驗人員也會要求「老師」視其為答錯，給予「學生」更強烈的電擊。在大部分版本的實驗中，雖然這些折磨其他人的行為都讓「老師」明顯不舒服，但幾乎所有「老師」都繼續聽命施以高強度的電擊。甚至在「學生」失去反應之後，還有百分之六十五的「老師」明明知道自己手中的按鈕會讓已經昏迷或死亡的人承受足以致命的電流，依然繼續按下按鈕。[9]

大部分的受試者都因為自己做的事情變得很難過。有的人大笑大哭，有的人歇斯底里。很多人問這件事**到底是誰負責的**，而實驗人員都會低聲地保證該負責的是**他**，而非受試者。不過只有很少一部分的人拒絕給予最高強度電擊，中途**退出**了實驗。實驗結束後，米爾格蘭或實驗人員會問受試者為什麼不乾脆停下來。大部分的受試者都被問得愣住了，彷彿他們完全沒想過可以**停下來**一樣。

當然，這個實驗只是類似的重要實驗之一。但一般而言，心理學研究似乎都顯示我們比較容易在不該服從時服從，而非在不該反抗時反抗。從米爾格蘭實驗到當代政治心理學的內群體偏誤研究，都指出我們通常習慣乖乖聽話，會照著別人說的去做，盡量避免衝突。[10]

這種事只會發生在實驗室嗎？不。去看一下美萊大屠殺、納粹集中營、蘇聯古拉格（gulag）、烏克蘭大饑荒（Holodomor）、亞美尼亞種族滅絕（Armenian Genocide）、揚州十日之類的各種暴行，在每一齣慘劇裡面，上級官員都命令下屬甚至命令平民做出慘無人道的事。那些聽到命令的人即便有能力反抗，也幾乎都乖乖照做。

因此，無論「危險的誤用」和「認知不確定性」能對我的觀點造成多大的反駁，它們都可以用來更有力地反對與我相反的觀點。特殊豁免論的支持者，請小心不要搬磚頭砸到自己的腳。人們乖乖服從希特勒或史達林的可能性，遠超過在錯誤的情況中反抗警察。

報復、負面影響、勒索

我們繼續來看看，有哪些理由認為人們可以在案例A－M中對平民行使防禦性行動，但不可以對A'－M'的政府官員這麼做。有一種像下述所言的理由：

負面影響論

如果人民認為自己（根據上述原則）擁有反抗民主政府官員的自由，未來會發生一些很危險的事。百姓反抗了一位壞警察之後，其他警察就有可能為了報復而去傷害其他無辜民眾，或剝奪民眾的權利。百姓攻擊邪惡總統之後，繼任的總統和議員就有可能為了報復而傷害其他百姓，或進一步侵犯人民的權利。因此，對民主政府的官員採取防禦性行動是錯的。

這種思維把道德當成某種策略遊戲。我現在能做什麼，取決於未來別人會怎麼回應。如果我的某種行為會讓別人做壞事，那麼也許我就不能選擇這個行為。也就是說，別人的勒索可能會影響我的道德義務。

舉例來說，選用紅色而非藍色的牙刷，本身跟道德無關。但如果我不選藍色牙刷，某個恐怖分子就會用核彈轟炸華府，那麼我是否應該選用藍色牙刷呢？恐怖分子的威脅會讓我產生服從的義務嗎？

或者可以把「槍擊廂型車」（案例A'）稍微修改一下。就在安打算阻止槍擊孩童的警察時，那位警察向她大喊：「我們條子很團結的。要是妳開槍打我，我那些戴警徽的弟兄就會過來殺死**其他**小孩。我不是在威脅喔，我是在保證。」假設這位警察的話有可信度，安還可以開槍嗎？還是應該放棄？

或者說，有一位女性遇上性侵者。她死命地反抗，卻聽到性侵者的朋友大喊：「如果妳不乖乖被強暴，我就去找三個女人先姦後殺。」假設這個人的話有可信度，這名女性應該乖乖被性侵嗎？

這些問題可能都很難回答，或者答案很有爭議。畢竟「我們應該怎麼面對勒索」的問題本來就會引起爭議。

為了論證需要，我假設當壞人認真威脅要對其他人造成更大的傷害或不正義時，你就不應該對壞人採取防禦性行動。但請注意，這並不只表示我們不應該對某些政府代理人採取防禦性行動；同時也表示我們不應該對許多罪犯和惡黨採取防禦性行動。畢竟，做壞事的平民碰到有人想要自衛或試圖保護他人時，經常都會以更大的傷害作為威脅。學校裡的惡霸會威脅你說，如果你挺你朋友，他就要去多揍兩個學生。黑手黨也的確會要受害者乖乖就範，否則他們就去找更多人來殺。小丑還會威脅說，如果蝙蝠俠去救戈登局長，他就炸了高譚市呢。

根據經驗，大多數民主政府或者所有的政府，通常都沒有能力或意願在做壞事的時候去威脅民眾。因此根據經驗，政府代理人做壞事時我們應該反抗的情況，可能比平民做壞事時我們應該反抗的情況更罕見。但這還是沒有違反道德平等論，因為它判斷我們能不能反抗壞人的條件，與壞人是否是政府無關。無論壞人是不是政府，這種「後續惡果論」都主張如果壞人會造成更大的傷害或不正義，我們就不能採取防禦性行動。「後續惡果論」其實並沒有說反抗政府代理人的條件與反抗平民**不一樣**，最多只是說我們能夠反抗政府的情況**比較罕見**而已。

另外，「後續惡果論」會產生一個奇怪的推論。照這種說法，用防禦性行動反抗民主政府的代理人，反而比用防禦性行動反抗不民主政府的代理人或者犯罪組織，變得更難具備正當性。很多人都認為我們應該暗殺希特勒、史達林這種極權獨裁者。但殺掉獨裁者或犯罪頭目之後，邪惡組織回頭傷害無辜第三方的機率，似乎比殺掉民主政府官員來得高。芬妮·卡普蘭（Fanni Kaplan）在一九一八年嘗試暗殺列寧失敗，結果讓列寧政府發動了紅色恐怖（Red Terror）。而且就算卡普蘭暗殺成功了，繼任的人也很可能比列寧更糟糕，或至少差不多糟糕（事實上的確如此）。極權主義的共產黨政權視人命為草芥，領袖被暗殺之後，繼任者很可能用恐怖統治來逼民眾就範。黑手黨的問題也一樣，百姓站出來反抗黑手黨之後，黑手黨經常都會用更惡劣的方式迫使民眾服從。

反觀美國之類的民主國家又怎樣呢？不但有四名美國總統被暗殺成功，還有很多總統被暗殺未遂；十三位美國國會議員被暗殺成功，還有其他幾位被暗殺未遂。不過必須注意，我說這些並非要主張說這些人在我的理論中都是正當的防禦性行動目標，而是要主張說美國的諸多暗殺行動全都沒有引發後續的人道危機或恐怖清洗。

民主政府比其他形式的政府更重視人民的權益，所以即使碰到反抗，也不會發動鎮壓。

研究現實世界的政治科學家通常都發現，暗殺民主國家的政府人員幾乎不會引發什麼後續惡果。[11]雖然我找不到相關的實證研究來驗證，但我想其他類型的防禦性行動可能也一樣。

我在這段為了論證需要，假設了我們碰到勒索時必須乖乖就範，但這個假設未必屬實，而且即使屬實，整個論證也不大成立。光是別人威脅要用更糟糕的事情來報復，似乎不會直接讓一件原本正確的事變成錯的。

我們可以拿上一章的例子來討論。假設美國舉行全民公投，決定是否用核彈轟炸吐瓦魯，除了我以外每個美國人都投了贊成票，但我合理地相信美國沒有這麼做的良好理由。於是，我在明知會引發人民暴動的狀況下，暗殺了即將轟炸吐瓦魯的總統與軍事將領。後來暴動真的發生了，美國有一萬人因此受傷（這比吐瓦魯的總人口還多）。即便如此，我的暗殺行動似乎也沒有直接變成錯的。因為其他人不應該因為我暗殺官員就引發暴動，該為暴動負責的是引發暴動的人，不是我。

行為效益主義者（act utilitarians，認為行為的對錯完全由該行為之預期結果決定的人）當然會說我們該謀定而後動，根據其他人的反應來決定要怎麼做。如果我大手一揮會打翻花瓶砸死樓下的人，我就不該揮手。如果我大手一揮就會讓某個神經病拿花瓶砸別人的頭，我也不該揮手。在行為效益主義者眼中，這兩種事是一樣的。照他們的說法，**別人的反應**是整體環境的一部分，我們在計算後果時應該要一併考慮。只不過雖然我們會同意這種主張可能在**某些**案例中有道理，但很多哲學家都認為這並非行為效益主義的特點，而是行為效益主義的瑕疵。

正如赫德所言，如果「別人的不當行為可以合理限縮你行使權利的自由」這種主張成立的話，就會對權利理論支持者（至少是那些在權利理論中重視自由的支持者）產生重大威脅。雖然這種主張未必會引發傳統的權利衝突議題，但是卻會產生一種弔詭。依照這種主張，壞人做壞事的時候會獲得某種權利，讓他可以要其他人放棄原本做某些事情的權利。這也就是說，當某人做了一件他無權做，而且別人有權禁止他做的事情時，他就可以要求別人放棄原本應有的權利。簡而言之，這會導致做壞事的權利勝過做好事的權利。所以這雖然不會讓權利之間彼此衝突，卻會讓權利縮水。這樣的主張肯定違反直覺，畢竟我們正當地使用時間、勞動、財產的權利，不會取決於某些惡棍或不負責任的人是否可能拿我們的資源亂用。」[12]

也許這說得有點過頭。這種論點未必表示壞人有權要求別人放棄自己的權利（實際上比較像是那些會被壞人連累進來的人，有權要求我們放棄保護自己或別人）[13]。但這種論點的確認為，如果別人會報復，我們可能就無權保護自己或別人，或者我們的這些權利可以輕易被推翻。這一定有哪裡不大對勁。這表示我們（在考量各種因素後）有沒有權利保護自己或別人（包括保護你愛的人），某種程度上取決於侵犯我們權益的人能不能發出可信的威脅。拿之前的例子來說，如果性侵者之後會去傷害其他人，被性侵的女性就不能反抗。那麼，即將犯下戰爭罪、傷害罪、搶劫、性侵、殺人的人，只要有辦法做出可信的承諾，說他們一旦被阻止就會轉而傷害更多的人，就可以要求眼前的受害者任他們宰割了——這也未免太好用了吧！

不過在此澄清一下，除了效益主義者以外，非效益主義者也可以認為只要侵略者發出可信的威脅，我們就無權保護自己或別人。

赫德和我都同意，至少在某些情況下，當他人有不當行為時，的確會讓我們必須採取不同的做法。我們原本有權做的事，至少在某些情況下會因為別人打算做壞事而變得不應該做。我舉幾個例子。

假設我在迪克體育用品店上班，一個生氣的男人走進來大吼：「我抓到老婆跟鄰居偷情。拿一隻球棒給我，我要把他倆打個半死！」一般來說，賣球棒完全沒有任何問題，不過在這種時候，我不應該賣給他。

或者說，我的朋友喝醉之後找我借車，想要去路上飆個幾圈。一般來說借車給朋友開沒有問題，但這種時候我就不該借他。[14]在這兩個例子中賣球棒或借車，都是在幫忙對方做壞事。至於拒絕他們的要求，對我則幾乎或根本沒有傷害。不過請注意，假設對方**威脅**說如果我不幫他，他就要做其他壞事，狀況可能就不同了。無論前述的男人說「你要是不給我球棒，我就回家打我老婆」而我依然拒絕拿球棒給他；還是我的朋友說「如果你不借車給我，我就去喝茫然後借別人的車出去亂繞，直到撞到人為止」，而我依然拒絕給這位（即將斷交的）朋友車鑰匙，我都不是在**幫他們做壞事**。即使之後真的做了壞事，也是他們自找的。

還有另一類情況，似乎也會要求我們根據別人做的錯事來改變自己的行為。假設高收入讓我有辦法住在安全的高級社區，那麼如果我搬到更危險的社區，就可以省下一些錢，但很可能會讓我的小孩放學回家時被歹徒攻擊。由於我對小孩擔負特殊的義務，我似乎不應該搬過去。

這項特殊義務限制了我許多自由，要求我把他們的權益放在其他事情之上。同理，平常我可以任意彈吉他，但我兒子受傷需要我送他就醫的時候，彈吉他就不對了。平常我可以聽超級殺手合唱團（Slayer）的歌，但兒子餓了需要我幫他煮晚餐的時候，不理他而繼續聽歌就不對了。

我們可以說，至少在個人成本不高的時候，我們有義務避免造成其他人的危險。以赫德的一個例子為例，假設某鐵路公司決定讓某位乘客在不知道某地區治安不良的情況下，在該地區下車。這項行為本身並沒有傷害該乘客（即使乘客受傷了，也是當地歹徒造成的），但依然陷她於只要告知就能輕易避免的危險之中。[15]

赫德認為，如果別人已經先做了錯事（或者犯錯的人已經無法阻止錯事發生），我們就的確可能有義務根據別人犯的錯來調整自己的行為。例如我看到一名醉漢昏倒在路中間，我知道他不應該倒在那裡，那麼我可以催油門輾過去嗎？照理醉漢不應該倒在路中間，也不該擋住我的路，但他就在那裡，而且當下走不了了。這種時候，我該做的是盡可能不要撞到他。[16]

不過如果不談這些特殊例子（以及某些可能更特殊的例子），**一般而言**，如果別人將以更嚴重的傷害**回擊**，我們在面臨重大危險時會不會因此失去防衛自己或他人的權利呢？以下兩個說法認為答案是肯定的：

- **強的道德勒索原則（The Strong Moral Extortion Principle）**：如果有人保證你一旦出手防衛自己或他人，他就要造成更嚴重的傷害或不正義（即使嚴重程度只比你所防衛的高一點點），那麼你就不應該防衛。

- **弱的道德勒索原則（The Weak Moral Extortion Principle）**：即使有人保證你一旦出手防衛自己或他人，他就要造成更嚴重的傷害或不正義，你還是應該防衛；但如果對方的威脅夠嚴重，你就應該放棄。

直覺看來，弱的道德勒索原則比強的道德勒索原則更合理。我們似乎的確應該避免引發災難，而且這項義務可能比我們自己的權利更重要。[17]請注意，強的道德勒索原則似乎不僅削弱了我們的自衛權，還會直接削弱我們的**其他一切**權利。例如假設我有權畫一幅穆斯林先知穆罕默德的畫像，但我知道某些極端分子會因此傷害我和其他人，這會讓我**喪失**該權利嗎？同理，黑人男性與白人女性有權同居。但如果他們知道種族主義者會因此發動暴動傷害其他人，他們就喪失了在一起生活的權利嗎？如果我們相信強的道德勒索原則，似乎就沒什麼明顯的理由只喪失防衛的權利卻不喪失其他權利。[18]

本章摘要

本章列出了許多試圖攻擊道德平等論並辯護特殊豁免論的常見論證。大部分的論證都失敗了，因為它們無法提出原則，明確指出做壞事的政府代理人與一般平民有什麼差異。這些論證要求我們不對政府代理人採取防禦性行動的理由，全都可以同等有效地用來支持不對平民行使防禦性行動。另外，其中某些理由本身就不夠好。例如「反私刑論」似乎表示即使在公共力量無法保護我們或者復原損害的情況下，我們也不可以進行防衛。「後續惡果論」則認為只要有人可信地保證會在我們防衛後做更壞的事，我們的權利就會消失，這太誇張了。

讀到這裡，我們應該可以懷疑特殊豁免論了。看來平民有權對政府代理人採取防禦性行動。接下來的幾章，我則要討論一個更多人關注的問題：政府代理人有權對政府本身（或政府裡的某些人）採取防禦性行動嗎？

第五章

勇敢說不

該如何面對不公不義的命令

我在前幾章討論了一般的特殊豁免論。我檢視出了幾個論證，它們試圖證明政府代理人（或至少是民主政府的代理人）一般而言享有特殊豁免權，所以不能被攻擊（至少不能被政府所管轄的人民攻擊），但那些論證全都不成立。

但也許在某些條件限制下，特殊豁免權的確存在。例如有人可能說：「當然，一般而言政府代理人和庶民平等，只要滿足相同的條件，無論對方是政府代理人還是平民都可以行使防禦性行動。也許一般而言，政府對人民並不具備權威性：它並不能藉由制定法令創造出新的義務。但也許某一小撮人民的確應該服從某一小撮政府代理人。也許政府對某些人民擁有權威性。」這種主張認為，雖然並非所有政府代理人都擁有特殊豁免權，但某些政府單位的確對某些人享有特殊豁免權。接下來的幾章要談的，就是這種狹義的特殊豁免論。

本章會討論一些乍看之下適用這種論點的例子：高階軍人、國會議員、行政首長等等，是否對低階公務員具備特殊豁免權。也許軍隊中的上級對於下屬具備權威性。也許高階官員對**其他**政府代理人（例如警察、獄卒、間諜、情報人員、資料蒐集人員等等）享有特殊豁免權。如果是這樣，那麼雖然政府對人民沒有特殊豁免權，但它可能對（至少一部分的）政府代理人享有特殊豁免權。

如果這種主張正確，它也會影響到我們老百姓可以用哪些方式保護自己或他人不受政府傷害。依照這種主張，也許我們不應該為了保護別人而**擔任公職**，然後設法利用職權去干擾或阻止政府的不正義之舉（下一章會更深入討論這個問題）。

本章會討論一些論證，這些論證主張高階的政府代理人通常對低階人員享有特殊豁免權，或者主張政府代理人彼此之間互享特殊豁免權。就我所知，這些論證全都不成立。我承認某些政府代理人的確對其他代理人具備一定程度的**權威性**。但我認為即便如此，也幾乎無法主張高階的政府代理人對低階人員享有特殊豁免權。

承諾與權威性

根據常識，做出承諾的時候，你就憑空創造出了新的義務。很多哲學家都同意這種說法，當然還是有一些人抱持異議。

舉例來說，平常我沒有義務使用紅色牙刷。但如果我答應妻子要改用紅色牙刷，我似乎就突然有了這樣的義務。承諾可以讓我們要求自己做某些事，也能讓我們要求自己不做某些事。

承諾甚至可以讓我們有義務去**服從別人**。例如喬治城大學（Georgetown University）每年都命令我（廣義來說是命令沒錯）開設某些課程。世上大部分的人都不必服從學院長的命令，如果院長要**你**加入榮譽評議會，你大可以拒絕。但我跟喬治城大學簽了合約，所以有義務服從院長的某些命令。這份合約是喬治城大學和我雙方都同意的，其條款同時對我們施加了某些義務，同時也讓我們對彼此享有某些權利。

同理，我也可能因為做出承諾而有義務服從別人。假設我答應朋友說：「在接下來的五分鐘，我任憑你差遣。」朋友要我蹦蹦跳跳，那麼我就應該照做。

我們在第三章說過，對大部分的人民而言，政府都並未因為上述這種原因而具備權威性。某些哲學家認為社會是一種契約，而我們是以某種方式對社會中的彼此做出承諾，或承諾要服從政府。但正如之前所見，這種社會契約的比喻並不恰當。

不過**某些**人民與政府之間，的確因為簽訂了雙方同意的契約而具備特殊關係。我有個鄰居在國務院上班，另一個則是幾乎每天都會見到總統的顧問，還有一個是特務人員。他們跟政府之間的雇傭關係都是因為自願簽訂的合約而來的（不過與政府之間的其他關係就未必如此）。正如我有義務服從喬治城大學上級的某些命令，他們也有義務服從長官的某些命令。而即便喬治城大學沒有下令，通常我也有義務幫大學做某些事；同樣地，我的鄰居通常也有義務幫國務院做事。

軍人通常也是這樣（至少志願役是這樣）。你決定從軍的瞬間就是政府的員工了，而且經常還會變成政府非常重要的關鍵員工。軍人同意服從命令並堅守一些原則，因此會獲得許多我們老百姓不具備的義務，包括服從某些命令的義務、以某種方式做事的義務、參加某些戰爭的義務等等。

美國的士兵入伍時要說這樣的誓詞：

我——在此嚴正宣誓：我將支持並捍衛美國憲法，對抗國內外所有敵人；我將以同樣的信念與忠貞遵守美國憲法；我將服從美國總統與上級長官根據法規與《統一軍事司法法典》下達的命令。上帝啊，請護佑我。[1]

美國軍官的誓詞也差不多：

我——已被任命為美軍——職等軍官。我在此嚴正宣誓：我將支持並捍衛美國憲法，對抗國內外所有敵人；我將以同樣的信念與忠貞遵守美國憲法；我自願承擔此義務，毫無保留，絕不逃避；我將忠實認真執行此職位的任務。上帝啊，請護佑我。[2]

軍人的這類承諾讓他們獲得某些嚴苛的義務，必須去做某些讓人不舒服而且一般百姓不需要做的事情。例如從事艱苦的體力勞動、忍受巨大精神壓力、犧牲自己拯救他人，甚至殺害別人等等。警察、ＦＢＩ探員這些職業的狀況也差不多。

一般情況下的權威性VS.聽命去做不正義行為的權威性

第三章說過，用權威性來捍衛特殊豁免論會碰到一個問題：光是證明政府具有一般情況下的權威性，並不能讓特殊豁免論成立，你還得證明政府有做出不正義行為（尤其是那些如果是平民去做，我們就可以用防禦性行動去阻止的行為）的權威性才行。我承認某些承諾或契約會讓政府**對其代理人和員工**擁有權威性，但這並不等於政府代理人和員工有義務放任政府做不義之舉，也不等於他們有義務幫政府去做壞事。

為什麼呢？嗯，因為即使承諾真的擁有神奇的力量，可以讓我們獲得新的義務，它也不會**消除**我們既有的義務。所以軍人和警察並不會因為做出承諾，就一定有義務服從不公不義的命令或者放任**其他**政府代理人做壞事。

即使我在這裡承諾：「嘿，各位讀者。我要去殺害一名無辜的敘利亞小孩喔。」我也不會因此有義務真的去殺小孩，此外我原本不應該去殺小孩的道德義務也不會因此消失。

同理，我也可以說：「在下傑森．布倫南，在神智清楚的狀態下承諾服從經常一起寫書的彼得．賈沃斯基（Peter Jaworski）的所有命令。」假設我和彼得簽下契約，答應完全聽他的話，讓他每個月給我一萬美元，那麼這紙契約會讓我必須做某些事。如果彼得禁止我看《權力遊戲》（*Game of Thrones*）影集，我就得因此照做。但如果彼得說「去殺一個無辜的敘利亞小孩，並且停止養育你的小孩吧」，那麼我沒有義務服從。因為我原本就有不應該傷害無辜小孩的道德義務，以及應該養育自己小孩的道德義務，這些義務都比契約賦予的義務**更重要**。

這可能會衍生出一個有趣的問題：我拿了他的錢，卻沒有按照約定完全服從他的命令，那麼也許我該賠償彼得的損失。但即便如此，在我做出承諾後，我原本應盡的義務既不會因此消失，其他人也不會喪失他們原有的權利。我的詭異承諾無法讓敘利亞小孩失去生存的權利，也無法讓我的孩子失去被我撫養的權利。承諾沒有這種力量，它也許很神奇，但沒那麼神奇。

有些人可能會反駁說，我們跟**政府**之間的承諾並不是這樣。但他們必須提出論證，才能讓我們接受這種說法。假設我答應服從總統，總統卻要我去殺死敘利亞小孩，那麼我並不會獲得殺小孩的義務，小孩的生存權也不會消失。這是因為權利是一種嚴格的約束，限制我們不能對其他人做某些事情。即使你以酷炫的名義做出複雜的承諾，權利也不會消失。即使政府代理人**承諾**服從政府，他們也不能以此為**藉口**服從命令去做壞事，服從這些命令時更不能減輕罪責。如果你以為承諾有這種力量，你一定是搞錯了。

這麼說吧，我們這些道德行動者（moral agents）通常具備某些消極義務與積極義務。消極義務禁止我們做某些事情，例如禁止殺害、折磨、傷害、支解、欺騙、性侵其他無辜的人，或者偷他們的東西。積極義務則要求我們去做另一些事情，例如必須養育自己的小孩、回報他人的恩情、做某些善行。在這兩種義務中間，我們可以自由地做各種**非強制**的行為，例如選用某色的牙刷等等。這類行為也就是沒有義務去做，但也沒有被禁止做的事。至少根據某些主流承諾理論的說法，承諾的力量所及之處，就只限於把一些非強制的行為變成必須做的，或變成禁止做的。例如我答應晚上六點要去機場接你，那麼去接你的行為就從非強制的變成必須做的，而原本可以在那段時間做的其他行為（例如聽黑色安息日樂團〔Black Sabbath〕的作品）則變成禁止做的。至於那些原本就必須做或禁止做的事情，則不會因為承諾而改變其道德地位。

因此，無論我是承諾服從一道不公不義的命令，還是承諾聽某個人的話去做不公不義的事，都不會因此有義務去做那件不正義的事。不過，如果我承諾在不公不義的事情面前**袖手旁**

觀呢？

根據道德常識，我們沒有義務無止盡地去拯救或保護別人。高爾（Al Gore）可以花數百萬美元去拯救孩童的性命，但也可以把其中某些錢拿去買豪宅或凌志汽車這種奢侈品。[3]布魯斯．韋恩（蝙蝠俠）可以帥氣地在高譚市打擊犯罪，但也可以休息一下，跟瑟琳娜．凱爾（貓女）去歐洲度個假。

正如前文所言，承諾可以改變非強制行為的道德地位。而保護自己或別人通常（甚至可能永遠）都是非強制的。那麼，我們有可能因為答應要服從他人，而喪失保護自己或別人的**非強制**權利嗎？

有時候似乎有可能。如果蝙蝠俠答應貓女要休息一天，一起去久違的高譚歌劇院，那麼即使那天晚上他有權利阻止街上的隨機搶案，也似乎還是應該履行承諾去聽歌劇比較好。

不過如果事情變得更複雜呢？如果我要你承諾去做某項與保護自己或保護他人相衝突的事情，然後去攻擊別人或做出嚴重的惡行呢？這種時候，你似乎就沒有必要繼續履行承諾了。

假設蝙蝠俠和超人在街上散步，超人說：「其實我打算退休了，不過你希望我繼續救人對吧。這樣吧，蝙蝠俠，你現在答應我一件事，我之後就多做一年。放心，我不會要你做那些不可以做的事情啦。」假設蝙蝠俠同意了，然後超人說：「哈，你中計啦！我要去揍對面那個小孩，請你答應不要阻止我。阻止我打那個小孩對你來說是超義務行為，而不是義務。所以你剛剛答應不會阻止我，現在請遵守諾言。喔耶！」這種時候的蝙蝠俠有義務不去阻止超人嗎？好像沒有。他的承諾似乎並未剝奪他保護別人的權利。同理，如果超人之後說的是要揍蝙蝠俠一拳，蝙蝠俠似乎也不會因為做出承諾就有義務不保護自己。

政府代理人與員工做出的承諾、宣誓、合約，的確會讓他們有義務服從上級與政府的某些命令。然而，從事不當行為的人並不會因為要求你承諾聽他的命令，或要求你承諾去做某些與保護自己或保護他人相衝突的事情，就有權要你在他做壞事時袖手旁觀。以上面的例子來說，即使蝙蝠俠違背承諾，也是超人做壞事造成的。在超人去做壞事的瞬間，他就喪失要求蝙蝠俠守約的權利了。

受託人責任、特殊義務、權威性

還有一種很類似的論證。它主張政府代理人是政府的**受託人**（fiduciaries），或者更泛用地說這些人與政府之間有「特殊關係」（special relationship），所以政府代理人對彼此都享有特殊豁免權。當一個人（或者機構、團體、部門、公司）為了保護自己免受傷害，而在合理的信賴之下尋求他人協助、建議、保護時，兩者之間就會產生受託關係。在法律上（甚至可能包括道德上），如果你是某人的受託人，那麼你就有義務守護委託人（也就是合理地信賴你的人或組織）的利益。法律監護人與被監護人、律師與客戶、醫生與病人、教師與學生、遺囑執行人與遺產受贈人、牧師與告解者、經紀人與客戶之間，都有著受託關係。

受託關係可能源於許多不同的原因。專業知識的差異，例如病人信任醫生，會產生受託關係。需要對人坦誠以告的時候，例如客戶對律師吐實，也會產生受託關係。有些時候，受託關係甚至是因為我們無法監控另一個人的行為，例如受益人與財產受託人之間就有這種受託關係。而某些受託關係，例如股東與經理人之間的關係，則可能同時源於好幾個原因。

在受託關係下，受託人必須把委託人的利益看得比自己與其他人的利益更重要。舉例來說，假設醫生在寫處方的時候，有兩種療程可以選擇。療程A更有效而且更安全，而療程B比較貴。如果選擇療程B，多出來的醫藥費可以讓醫生存起來買賓士車。這時候，醫生就有義務選擇療程A，甚至應該把兩種療程的利弊都告訴病人，讓病人自己選。[4]再舉一個例子，假設你的公司找我諮詢新的行銷策略。策略A對貴公司的幫助比較大，而策略B會讓另一家與我沒有關係的公司收益降低。那麼我也有義務推薦策略A而非策略B，因為我不應該在這時候考慮另一家公司的收益。

有些人這時候可能會覺得有機可趁。他們會說某些政府代理人對其他政府代理人，甚至對承辦人、供應商、律師，或者政府的其他受託人享有特殊豁免權。如果你與政府或政府代理人之間有受託關係，也許你就不能對委託人行使防禦性行動。

但這種論證的問題和上一節的論證一樣。受託關係既不能移除原本既有的道德義務，也無法剝奪人們的權利，最多只能讓我們擔負一些新的義務而已。

假設安是一名辯護律師。鮑伯被控謀殺之後前來找她幫忙。安發現許多證據都對鮑伯不利，鮑伯很可能被判有罪。這時候我們可以說，安有受託人責任幫鮑伯辯護（值得一提的是，有些哲學家認為連這點都有爭議）。[5]安可以做**某些**事情來幫鮑伯打贏官司，例如質疑某個她合理相信帶有偏見的警察證詞。但這不表示她可以為了求勝而做**任何**事，例如不能拿檢察官的小孩來要脅檢察官撤回指控，也不能賄賂法官。最重要的是，她當然也不應該協助被告犯下其他罪行，如果她發現鮑伯要犯另一樁罪，她必須報警阻止鮑伯。[6]

再舉一個例子：商業倫理學裡面的股東理論（stockholder theory）認為，經理人是股東的受託人。像是密爾頓．弗利曼（Milton Friedman）就認為，經理人有義務運用資本來達成股東在投票程序中制訂出來的目標。我沒有研究股東理論，不過我要說，人們經常用一種粗糙的誤解來反駁該理論。

他們說：「股東理論一定是錯的，畢竟即使對股東有利，經理人也不可以剝削勞工或毒害水源。」嗯，經理人的確不可以這麼做，但這並不表示股東理論是錯的，而只是表示受託責任內建許多但書。股東理論真正的意思是，經理人應該用所有**符合道德**的可能手段來實現股東的目標，但他們並不會因為受到股東的委託，就有權為了促進股東的利益去侵犯別人的權利或做壞事。

此外，我們即使成為受託人，通常也不會失去保護自己或別人不受委託人侵害的權利。神父不需要任由懺悔者在懺悔時傷害自己。醫生不需要放任自己的病人去謀殺別人。經理人不需要放任股東去毒害水源。監護人不需要放任自己的小孩去欺負別人，諸如此類。雖然受託責任要我們把某些人的利益看得比其他人的利益更重要，但它並沒有禁止我們對委託人採取防禦性行動，而且絕對沒有要求我們**幫助**委託人做壞事。

因此，政府代理人受到政府委託的這種說法，也許確實可以解釋為什麼他們對政府負有特殊義務；但並不能解釋為什麼軍人或警察這些政府代理人不能用防禦性行動防止其他政府代理人傷害無辜的人，或者阻止他們做出嚴重不正義的行為。

到目前為止，我們已經有夠多理由相信政府代理人如果去實行不公不義的法律和命令，在道德上會有嚴重問題。此外，如果你認真思考受託人責任是什麼，就會發現執行不公不義法律的警察甚至比做同樣壞事的歹徒**還要惡劣**。看看以下兩個例子吧：

1. 約翰討厭別人吸食大麻，所以決定把呼麻的人關進他家的地下室。
2. 查理是在華盛頓特區宣誓就職的警察。法律要求他把呼麻的人關進監獄，他就照做了。那是他的工作。

為了論證需要，以下假設禁止大麻的法律是不公不義的。根據我的看法，查理的做法比約翰**更卑劣**。因為查理所屬的機構不僅聲稱自己壟斷了暴力，並且聲稱有權為了伸張正義而維持這種壟斷。此外，查理本身也發誓要保護人民。[7]因此，約翰把人抓進地下室的時候只像是一個小獨裁者而已；查理則是在某種意義上**背叛了我們的信任**。畢竟查理真正的委託人並不是政府，而是**人民**。[8]

艾斯倫對不公不義命令的看法

我在第三章曾說，那些想用政府一般情況下具備的權威性來支持特殊豁免論的說法都有一個共通的問題：要讓特殊豁免論成立，你不僅必須證明政府具備**某些**權威性，還得證明政府具備一種特殊的權威性讓它們在造成嚴重不正義的時候，我們不能像對待平民那樣採取防禦性行動。在這一章（與接下來的兩章）中我則要列出一些論證，這些論證都想證明**某些人**身上的特殊義務讓他們必須服從不公不義的命令，或者必須放任政府代理人做壞事。如果這些論證成立，就表示政府代理人的確對某些人享有特殊豁免權。

這一節要討論的是艾斯倫的論證。他試圖證明某些政府代理人至少在某些情況下即使**知道**命令不公不義，也有義務服從該命令，並允許其他人執行該命令。艾斯倫主張，如果不正義的命令是正確的人以正確的方式發布的，那麼我們就有義務遵守並服從。

假設美國舉行公投，決定要不要用常規武器轟炸某目標（例如墨西哥的軍事基地），但在過程中犯了一連串的「無心之過」。轟炸該基地是錯的，美國人卻因為某個**正確**的戰爭理論（無論那是啥理論），而真心相信那是對的。美國人在完善的民主審議之後才決定轟炸墨西哥，而且如果他們的信念是對的，那麼轟炸墨西哥也是對的。但問題是，我剛好知道他們的信念是錯的，而且對墨西哥開戰也是錯的。這時候，如果**我的工作**就是轟炸墨西哥的那個軍事基地，我必須在明知會傷及無辜民眾的情況下投彈嗎？

我認為答案很明顯是否定的。但艾斯倫不這麼說。他主張只要滿足下列條件，那麼即使我們明知某命令不公不義也**有權**服從該命令，而且通常**必須**服從該命令。

1. 命令要求我做的那一種類型的行為，原則上都是正當的。
2. 所有明理的人都會認為，下達該命令的決策過程相當合理。
3. 該命令出自一套可靠而公正的決策過程（該過程不但滿足條件2，而且通常都會根據真實的前提來推論）。
4. 發布命令的人真心誠意地相信該命令是正當的。[9]

艾斯倫認為，這些條件不僅可以讓執行不公不義命令的行為具備正當性，也能讓不公不義的命令具備權威性。而且只有民主政府能夠同時滿足所有條件。

不過即使這些條件真的如艾斯倫所言的那樣可以讓**某些**不公不義的命令與行為具備權威性，也不表示特殊豁免論就成立了。畢竟艾斯倫似乎也承認這些讓民主政府擁有權威性的條件門檻非常高，現實中的民主政府很可能全都不滿足，甚至永遠不可能滿足。[10]他在《民主的權威性》（*Democratic Authority*）一書中只是試圖勾勒出一套**會讓**民主政府具備權威性的條件，但從未指出任何一個現實世界的民主政府具備權威性。因此，如果艾斯倫想要主張某些民主政府代理人享有特殊豁免權，他就得先證明現實中的某些民主政府的正義與公正程度高到足以具備權威性，並且已經發布過任何一道滿足上述四項條件的命令。這告訴我們，即使你接受艾斯倫的權威性哲學理論，依然可以相信現實中沒有任何一個政府滿足艾斯倫的條件，因此全都不具備權威性。

撇開這個問題不談，艾斯倫對於不公不義命令的權威性理論到底有沒有問題？為了論證需要，以下假設艾斯倫已經成功證明某些現實世界的民主政府一般而言具備權威性。但我要問的是，即便如此，為何我們可以相信這些政府具備可以造成嚴重不正義的權威性呢？艾斯倫有兩種辯護方式。

首先他使用過詭辯類比（casuistic）的推論方式。艾斯倫先舉了幾個例子說，一名叫做傑森的獄卒接到命令要他做某些有一點不正義的事，然後預期讀者在這時候同意傑森必須服從命令。但你一旦同意，艾斯倫就會說即使命令要求傑森去做更不正義的事情，你也必須同意傑森必須服從命令，否則你就自相矛盾了。

對艾斯倫來說，爭議最小的案例是這樣的：在一個公平公正的司法體系中，某個公正可靠的陪審團因為無心之過而判錯了刑度。艾斯倫說：「獄卒傑森知道被告有罪，但判刑太重了。被告的罪名是侵占一千美元。傑森知道這種罪名在倫理上最高只能判五年，但陪審團卻判了二十年。法律要求傑森把被告關二十年，但他有很多辦法讓被告在五年後就逃走。在這種情況下，傑森應該把被告關二十年嗎？」

在我（艾斯倫）看來他顯然應該。[11]

請注意，艾斯倫不僅是說傑森**判斷**或相信被告不該關那麼久，而是要我們了解傑森的判斷是對的，而法律是錯的。當艾斯倫說傑森認為「把那名被告關二十年不符正義」時，他認為正確答案在傑森那邊。

不過艾斯倫認為，傑森不但**有權**執行命令（也就是說他有這麼做的正當性），還**必須**執行命令（也就是說那道命令有權威性）。艾斯倫認為唯一可以讓傑森不執行的合理理由，就是執行這道命令會給傑森帶來嚴重的心理負擔（也就是說，艾斯倫認為傑森可以合理不聽命的理由，並非是傑森得做出不正義的事，而是傑森本身無法承受）。

接下來，艾斯倫用這種例子來繼續推論。他說如果你認為傑森必須把犯人關完二十年，你就也得同意劊子手必須處決無辜的犯人，軍人必須服從不公不義的命令。他使用的是一種類比論證，首先，他指出傑森把犯人關押太久這件事，與劊子手處決無辜犯人或軍人服從不公不義命令的這些事並沒有什麼不同。因此如果你認為傑森必須把犯人關滿刑期，那麼你就也得同意其他人必須服從不公不義的命令，否則會前後矛盾（不過要重申一次，艾斯倫的意思並不是我們必須服從所有不公不義的命令，而是說如果不公不義的命令能滿足他提出的四個條件，那麼我們就得服從）。

為了論證需要，以下暫且假設艾斯倫的類比沒有問題。不過我認為艾斯倫一開始的舉例就不合理。在我看來，獄卒傑森只要沒有受到威脅，就顯然不只**有權**讓犯人逃跑，更**必須**讓犯人逃跑。另外艾斯倫還舉過一個例子說，某個公正無私的陪審團因為犯了一個無可非議的無心之過，而將無辜的被告判為有罪。獄卒傑森知道被告是無辜的，卻無法向其他人證明。這時候傑森有權放走被告嗎？艾斯倫認為顯然不行，我卻認為顯然可以。

我沒有艾斯倫論證所需的那種道德直覺。因此當他說受命殺死無辜人士的軍人和劊子手，就跟受命關押無辜被告的傑森一樣的時候，我反而認為正因為傑森不應該繼續關押被告，軍人與劊子手也同樣不應該接受不公不義的命令去殺死無辜的人，**即便**下達命令的過程滿足艾斯倫的四個條件也一樣。

艾斯倫和我的直覺差異會讓這個問題走入死胡同嗎？真要說起來，我們兩個的直覺差異對艾斯倫而言比對我而言更嚴重。艾斯倫是一個公共理性自由主義者（public reason liberal），他需要讓每個明理的人都同意他所說的強制力具有正當性，所以他不能用對方不會接受的直覺來建立理論。而我就是一個明理（reasonable）的人。

艾斯倫、傑拉德・高斯（Gerald Gaus）、查爾斯・拉摩（Charles Larmore）、約翰・羅爾斯（John Rawls）、約翰・托瑪西（John Tomasi）、傑瑞米・華頓（Jeremy Waldron）、保羅・魏斯曼（Paul Weithman）都是公共理性自由主義者。根據定義，公共理性自由主義者接受公共證成原則（public justification principle）（該原則也稱為自由主義的正當性原則〔liberal principle of legitimacy〕或合理接受標準〔qualified acceptability requirement〕）。公共證成原則是要告訴我們，強制權力（coercive power）在哪些情況下符合道德或具備正當性。這套原則在不同的公共理性自由主義者口中略有不同：

1. **艾斯倫的版本**：得先找到一套所有像樣的觀點（qualified points of view）都能接受的證成理由，強制權力才會具備正當性（「像樣的觀點」是指值得認真看待的觀點）。[12]
2. **高斯的版本**：A必須提出一套B能夠理性接受的證成理由，才能強制干涉B。[13]
3. **羅爾斯的版本**：只有根據憲法來行使的政治權力才具有正當性，而且該憲法的基本要素必須是每一位自由平等的公民理性來說都會接受。[14]

這三個版本很像，但不完全一樣。這些哲學家對於「明理」、「像樣」的標準各有不同。另外，高斯的版本比羅爾斯的版本更泛用。高斯的公共證成原則適用於所有（包括政府或個人）的強制行為，羅爾斯的版本則只適用於政府遵循的「憲法根本要素」。不過無論公共證成原則的細節差異如何，它都主張分配政治權力的方式必須讓每一位被支配的明理人士接受。

我會在這裡提到這件事，是因為艾斯倫的哲學立場似乎絆住了他的腳——他用了一個並非所有明理人士都會同意的直覺來建立他的理論。很多明理的人都會說，獄卒傑森沒有義務把那個被告關滿二十年。這時候除非艾斯倫有辦法駁倒這些人，否則身為公共理性自由主義者，他就得承認關滿二十年的強制力不具備正當性，傑森必須在五年後就讓被告逃跑。

別忘了，公共證成原則的基本原理就是，要讓強制力具備正義性、正當性、權威性，就得先用適合的公開方法讓所有明理的人接受背後的理由。[15]在公共證成理論裡面，要**證成**強制權力很難，但要**推翻**強制權力卻很簡單。每一個明理的人都可以阻止政府實施強制權力、推翻原本以為的權威性。

此外，道德常識也說，我們通常沒有義務遵守不公不義的命令，除非你有理由證成我們有。不過艾斯倫提出的某種觀點也許可以克服這個問題。他認為在這種時候拒絕服從命令，犯了一種知識或道德上的傲慢。如果你認為自己的判斷力比別人或一群人的集體決策更好，或者覺得「自己說了算」，那麼你就錯了。例如拒絕聽命的獄卒傑森，就是認為自己的判斷比法庭更好，或者認為這件事「自己說了算」，因此是錯的。艾斯倫甚至還說，即使傑森的判斷事實上真的比法庭更好，他也不可能向所有明理的人證明這件事。[16]

艾斯倫的這套論述，似乎是想用公共證成原則來**對抗**反駁者。他可能會說即使傑森是對的，其他人也未必同意。即使某條命令真如某位軍人所言是不公不義的，其他人也可以合理懷疑這名軍人的判斷是否比決策過程更好。不過說真的，這種論述很詭異。傳統上，公共證成原則只能用來檢查強制行為有沒有正當性，艾斯倫卻用這套原則來說，**不做強制行為**也需要有正當性。

我覺得這論證很奇怪。因為獄卒傑森有可能相信司法體系一般而言都很可靠，大部分判斷都比他的好，但在眼前的這個案子卻做了錯誤判斷。而且根據艾斯倫的描述，法庭的判斷的確錯了。既然如此，能允許傑森放走被告的正當理由，就不會是傑森擁有某種可以隨時根據自己判斷來行事的道德權利（他當然不具備這種權利），而是傑森根據**正確的推理過程**得出**正確的答案**。這種時候哪一方比較權威不是重點。傑森之所以可以放走被告，不是因為被告無辜的判斷是**傑森做的**，而是因為他的判斷是**正確的**。

艾斯倫可能會問，「傑森，也許被告的確如你所言是無辜的，但為什麼這件事你說了算？」但傑森可以說，「不，不是我說了算。這件事**沒有誰**說了算。陪審團因為無心之過而判錯了。我同意把被告關起來具有正當性，但沒有權威性。既然我知道被告是無辜的，我就不應該服從命令。我放走被告不是因為我說了算，而是因為陪審團在這件事上說的並不算。」也就是說，傑森可以放走被告不是因為傑森具備權威性，而是因為政府在這件事上不具備權威性。

艾斯倫擔心傑森可能會認為自己說了算的想法，其實也暴露出他論述本身的問題。艾斯倫想讓他的民主權威性理論，落在公共理性自由主義的範圍裡面。但根據公共理性自由主義的基本原理，如果要讓強制力具備正義性、正當性、權威性，就得先用適合的公開方法讓所有明理的人接受背後的理由。[17]在公共理性自由主義裡面，要證成強制權力有正當性很難，要推翻這種正當性卻很簡單。每一個明理的人都可以阻止別人實施強制權力、推翻原本以為的權威性。明理的人即使並不認為「自己說了算」，依然可以拒絕政府的強制權力，只要他知道政府在這件事上沒有權威性就可以了。傑森拒絕監禁被告或放走被告的行為**不需要**被公共證成，因為他在抗命行為中並沒有強迫任何人。真要說起來，他的行為**根本就不在**公共證成原理的**適用範圍之內**。

此外，在正義的社會裡，人們應該會希望傑森放走這個無辜被告吧。舉個類似的例子，假設我根據正確的道德原理，推論我兒子艾登應該去做X，但其實我搞錯了，那些道德原理要他去做的是Y。不過我是一個有道德的人，我不僅希望艾登聽我的話，更希望他去做事實上正確的事。因此，我會希望我兒子去做一件事實上正確，但我誤以為錯誤而禁止他做的事；而不是去做一件事實上錯誤，但我誤以為正確而命令他做的事。[18]善良的人不會希望兒子做後面那種事。如果我希望我兒子做後面那種事，就表示我認為讓兒子聽我的話比做正確的事更重要。

所以，正義的民主社會也是一樣。如果它發布了錯誤的命令，它會希望人民堅持去做事實上正確的事，而不是因為要服從民主社會的命令就去做錯誤的事。正義的人民會說：「去做真正正確的事，而不是我們口中正確的事」。

知識權威

軍人、警察之類的政府代理人經常有服從上級的好理由。但至少在哲學上，重要的是這種服從是什麼，以及服從的背後有什麼基礎。

我們在第三章以及上述的一些論證中，討論了政府一般而言是否對一般人民具備權威性，以及某些高階政府代理人是否對低階代理人具備權威性。這邊的權威都是指道德權威（moral authority），但還有一種東西叫做知識權威（epistemic authority），兩者差異如下：

道德權威下達的命令可以在別人身上創造出新的義務（但「下達命令」〔by fiat〕可能需要符合適當的程序）。例如學院院長要我放下目前開設的政治學、哲學、經濟學，改開政治企業關係的課程，我就有義務聽命。或者當人們說公民有守法義務時，這代表說因為**立法者制定**

了法規，所以其他人必須遵守。道德權威**可以決定事情該怎麼做**。

知識權威沒有這種力量。[19]如果某人在某些事情上是你的知識權威，意思是他在這些事情上比你更了解，判斷比你更可靠，因此碰到這些事情時，你該把這個人的信念與判斷當成**證據**，有時候甚至應該**聽從**這個人的判斷。舉例來說，如果我跟物理學家史蒂文·溫伯格（Steven Weinberg）*討論物理學和宇宙學之類的話題，而溫伯格說「目前的資料顯示大霹靂發生在一百三十七億年前」，那麼除非有很多物理學家說他是錯的，否則我就該相信他的說法，否則就在知識上太傲慢了。只要知識權威表示我可以拿他的證詞當成證據，我就該相信他的判斷而非我的判斷。但知識權威不會因為知道的東西比較正確，就能決定事情該怎麼做。

說得更誇張一點，如果我肩膀上坐著一位真理仙女。她無所不知，句句屬實，而且會告訴我每一句話是真的還是假的。那麼照此說來，我就該一直相信她的話。但是真理仙女並沒有**創造**出任何新的真理，只是如實地陳述真理而已。她永遠是對的，但她沒有決定我該怎麼做。

有些時候，別人可能會變成你**在道德問題上**的知識權威。也就是說，你可以把她的道德判斷當成正確的。甚至某些時候，你可能應該聽從她的道德判斷。但我要重申一次，這不是因為她在你身上**創造**了新的道德義務，而是因為至少她在這件事情上比你更可靠。

在道德上（至少某些道德問題上）成為知識權威的人，不一定得比你更擅長思考道德問題，有時候只要比你知道更多相關事實就可以了。例如當我問妻子某個我從未見過的表妹是否是正派的人時，我應該相信她的答案。我的妻子不一定比我更擅長思考道德問題，但肯定比我更了解那位表妹。

至於其他時候，一個人可以成為你的道德權威，則可能是因為她比你更擅長思考道德問題，或至少更擅長思考眼前這類的道德問題。例如青少年在社交生活中碰到道德問題時應該聽家長的建議，因為家長對這些問題通常比較沒有偏見，而且比較成熟（對啦，我知道青少年通常不會同意）。或者說，我沒有像傑夫．麥克馬漢那樣深入思考過正義戰爭（just war）的相關理論或發表相關論文，所以我應該相信他的研究結果。又或者說，我應該聽從肩膀上那位真理仙女的判斷，如果我問她「我可以把錢拿去買ＢＭＷ而不是去拯救兒童的命嗎？」而她點頭的話，我就可以去買。即使真理仙女沒告訴我彼得．辛格（Peter Singer）或彼得．溫格（Peter Unger）這些人的反駁論證有什麼問題，或者仙女解釋給我聽了但我太笨聽不懂也無所謂。[20]

知識權威的概念可以告訴我們為什麼警察、軍人這些人有理由「服從」上級的命令。他們服從命令的原因，至少在某些時候並不是因為命令是上級（或更高層的上級）下達的，而是因為他們有理由相信上級的判斷在獨立道德標準下本來就是**正確**的。因此在某些時候，即使他們自己認為命令是錯的，也應該服從命令。

舉一個很誇張的例子吧。我和真理仙女都入伍參軍，真理仙女負責帶領我的中隊。我們前往一個遙遠的村莊，舉目所見的村民全都是老弱婦孺，沒有任何戰鬥部隊。這時候真理仙女中

＊譯注：著名粒子理論物理學家，研究電弱交互作用等理論。一九七九年諾貝爾物理學獎得主。

尉說：「你們每個人在道德上都有義務射殺這些老弱婦孺。」我們聽到這話都覺得一切實在太像美萊大屠殺，一定是邪惡的。但我們也知道真理仙女只會說真話，所以應該是我們搞錯了。我們應該遺漏了某些事，例如這些老弱婦孺其實是偽裝得很好的敵方士兵，或者都感染了殭屍病毒，不殺光就會毀滅世界之類的。我們不知道真正的原因為何，但既然真理仙女不可能說假話，那麼這種原因一定存在。

更真實的狀況可能像這樣：某位志願役的士兵正在反抗敵國入侵。他活在一個理性自由民主的國家，該國沒有長期從事暴行或犯下戰爭罪的紀錄。某天，長官命令他用導彈轟炸特定目標。之前我們說過，志願參軍的行為可能讓長官對他擁有一定程度的道德權威（但不表示長官對他擁有特殊豁免權）。此外，長官可能也同時具備知識權威。這名士兵有理由相信長官的消息靈通，判斷可靠。如果長官說發射導彈是對的，他就應該**以此為證據**相信發射導彈是對的。

很多時候，某些政府代理人會比平民更可能成為知識權威。例如假設我是士兵，我知道長官掌握很多我不知道的情報。某天長官說，「目前你該做的事情就是往那座山脊扔一枚手榴彈」。但在此同時，知道我從軍之後經常亂發「命令」給我的兒時密友也傳了相同的訊息說：「嘿，傑森，如果你眼前剛好有座山脊，你就該往那邊扔一枚手榴彈。」這時候，我可以把長官的話當成證據，相信自己應該扔手榴彈，但密友的話沒有這種效力。我有理由相信長官對這件事的知識比我多，判斷比我好。但密友沒這能力。

不過這個概念可以解釋為什麼某些政府高層享有特殊豁免權嗎？似乎不行。在第二章提過防禦性行動的通用框架，它說讓一個人（防衛者）可以對另一個人（敵方）採取防禦性行動的條件如下：

1. 防衛者不是主動攻擊方。
2. 防衛者合理相信自己（或其他人）處於迫切的危機中，即將受到來自敵方的嚴重身體傷害，或被敵方的不正義之事所害。
3. 防衛者合理相信唯有採取防禦性行動才能避免傷害。

第二章說過，學術界對於上述條件的標準應該定得多嚴格具有爭議。不過無論是在常識還是普通法中，「合理相信」的標準依然都相當寬鬆。我們不認為防衛者需要排除所有合理懷疑，或者需要確定信念必定正確。

如果是這樣的話，我們似乎就很難主張軍人、警察之類的代理人通常不能對長官採取防禦性行動了。這些人有些時候的確應該把長官當成知識權威，而且有些時候的確應該聽從長官的判斷。但在很多情況（甚至可能是大多數情況）下，他們接到奇怪命令的時候依然可以合理地相信該命令不公不義。而且如果上述其他條件也滿足了，他們就可以採取防禦性行動。例如美萊村的美軍士兵可能就會認為他們的長官可能掌握了某些額外資訊，所以屠殺村民**在邏輯上**有可能符合正義，但他們同時依然可以**合理地**認為眼前的這種屠殺命令違反正義。

一個人愈是了解戰爭史、警察暴行的統計數據、服從心理學、從眾心理學之類的知識，他就愈有可能認為那些乍看之下不公不義的命令，的確是不公不義的。我是個一天到晚設計各種思想實驗的哲學家，我可以想像在某些情況下，我能夠合理地信任長官的命令，用核彈轟炸俄羅斯。但我同時也是個知道真正的當權者通常喜歡幹什麼的哲學家，我知道如果現實世界中真的接到這種命令，我心生懷疑絕對很合理，直接聽命行事反而沒有道理。

一般百姓也可以用一樣的方法思考。如果有一根魔杖，揮一下就可以阻止接下來的一百次美軍無人機攻擊，我會去揮。我當然知道軍方可能掌握了許多我不知道的情資。但根據目前關於軍方整體作風的證據，尤其是無人機攻擊的證據，我至少可以合理懷疑軍方不該發動無人機。[21]

第六章

為了搞破壞而刻意撒謊

前幾章討論的問題，大部分都是善意的平民或政府代理人會**遇到**的不正義情境，以及他們應該採取的防禦性行動。其中有些是突如其來的狀況，例如在上班途中突然看到有人想要作惡。有些則是非常可能讓你做出不正義之事的情境，例如士兵在正義的戰爭中收到不公不義的命令。

這一章不太一樣，要討論人們可不可以採用防禦性行動，來**獲取**其他防禦性行動所需的權力。例如以下這些例子：

1. 安刻意就職於國防部，為的是干擾國防部的不公不義行為。
2. 奧斯卡努力搶到軍火合約，但只是為了讓旗下工人製造很爛的產品，降低軍隊在不公不義戰爭中的殺傷效率。
3. 愛德華刻意承包政府的資安工程，為的是藉此蒐集內部文件證明政府的嚴重惡行，並公開於眾。
4. 巴里出馬競選總統，為的是影響選民目前的不公不義偏好，阻止不公不義的選項化為現實。
5. 約翰設法被選為某次刑事案件的陪審員，為的是藉此阻止法庭執行不公不義的法律，或者讓陪審團無法運作。
6. 大法官候選人娜塔莉知道整個美國參議院都是笨蛋，因此刻意對參議員撒謊，藉此獲得任命。

比起前幾章的問題，這些問題複雜多了，因為它們都牽涉到先發制人的防禦性行動。很多時候我們得先**騙過別人**，才能獲得防禦性行動所需的權位。政治人物為了當選之後去阻止某件不正義的事情，可能必須先撒謊說自己會去做那件不正義的事情，騙選民把票投給他。想當陪審員的人，可能必須偽稱自己只會針對案件中的事實來審判，而不去阻止法律的執行。想加入政府或軍隊、用不服從的方式阻止它們為惡的人，可能必須假裝承諾自己會服從上級的命令。

有時候，我們為了搞破壞而刻意撒謊沒有道德問題。例如，假設在一九四二年已經犯下一堆滔天大罪的希特勒打算雇你當保鑣，於是你發誓效忠，然後想辦法趁他入睡後把他悶死。這時候你只是去騙一個被騙也活該（至少在道德上沒有立場說自己不應該被騙）的人，所以並沒有任何道德問題。

不過有時候，某些防禦性行動會需要一些職位、關係、權力才能執行。這時候我們可能得去騙一些不該被騙，或至少不一定該被騙的人。例如我為了阻止陪審團根據某條不公不義的法律來判罪，就在參加陪審員甄選的時候，刻意謊稱自己不會做這種事情。這種時候，我除了欺騙那些試圖執行不公不義的法律而似乎本來就該被騙的檢察官和法官以外；也騙了可能不該被騙的辯護律師。再舉個例子，假設我是個政治人物。我認為大部分選民都支持帶有種族歧視的政策，所以假裝自己也支持這種政策，騙他們把票投給我，這樣才能在當選後撤銷這些政策。

這時候我不僅騙了相信種族主義的選民，也騙了反對種族主義的選民。前者活該被騙，但後者可沒有。

接下來，我會先引述第二章提過的一般性防禦性欺瞞理論，然後用它來主張政治人物可以為了獲得阻止不正義之事所需的權力，而欺騙選民。某種意義上，這種行為是最難辯護的。因為選民的權力是分散而間接的。欺騙選民的時候，除了會騙到卑鄙的惡意選民、被誤導的善意選民以外，也會騙到資訊充足的善意選民。因此我刻意先從這個問題下手。如果政治人物可以欺騙糟糕的選民，我們就可以用同樣的理由潛入政府，防止政府做不正義之事。

欺騙糟糕選民的基本論證

我們在第二章提過防禦性欺瞞的基本理論：道德常識和大部分的重要道德理論都認為，說謊通常是錯的，但並非一定是錯的。[1]在某些情境下，說謊不僅**沒有責任**，而且還是**正當的**。[2]

一般情況下，騙人是不對的。但如果某個人正在做，或打算做一些極為錯誤、極為不義、造成巨大傷害的事情，**被騙可能就是活該**。因為我們不應該放任他成功（或試圖）作惡，或造成更嚴重的不正義。這種「防禦性欺瞞」可能需要符合**必要性原則**：如果有另一種方法可以同樣有效地阻止這個人犯錯，那麼我們就不該騙他。另外，防禦性欺瞞什麼時候是我們的權利，什麼時候是我們的義務，也會受到對方之後是否會進行報復所影響。舉例來說，如果門口的兇手發現被騙之後不會傷害我，那我就有義務騙他；但如果兇手一旦發現我說謊就會殺了我，撒謊就變成我的權利，我可以勇於犯險，但沒有犯險的義務。我猜上述理論框架雖然有某些細節可能會引發質疑，但大部分的人都會接受（至於防禦性行動成為義務的狀況，則會在第八章進一步討論）。

接下來我們要用這個框架來探討另一種版本的「門前的兇手」。《魔戒》（*The Lord of the Rings*）裡面的葛力馬・巧言（Gríma Wormtongue）與邪惡巫師薩魯曼（Saruman）聯手，用魔法誤導剛鐸國王希優頓（King Théoden）做出一堆會傷害人民的政治決策。如果現實世界的民主政府發生類似的事，某個邪惡巫師想對政治領袖施法，讓他們做出有害的政治決策該怎麼辦？

邪惡巫師

邪惡巫師弄丟了魔杖。不過你知道魔杖在哪裡。於是他問：「你知道魔杖在哪裡嗎？我要施個魔法，讓政府領導人實施一堆愚蠢的政治與經濟政策，害慘大家。」

這時候騙巫師似乎不僅沒有責任，甚至還是正當的。因為邪惡的巫師雖然手段比較複雜，但就跟門口的兇手一樣想要造成嚴重的傷害與不正義。

接下來我們把例子略修一下。邪惡的巫師從一個變成很多個。而你的謊言也從謊報魔杖的位置，變成背誦錯誤的咒語，騙這群巫師去造福眾生。這在道德上會有什麼差別嗎，似乎沒有：

邪惡巫師聯盟

某群邪惡的巫師像前一個例子的巫師一樣，想要施放「**搞爛政府荼毒眾生咒**」。你無法阻止他們施法，但你知道正確的咒語怎麼念。這群巫師忘了咒語，於是跑來問你，這時你可以回答正確的「**搞爛政府荼毒眾生咒**」；或者騙他們，報出「**改良政府造福眾生咒**」，這道咒語不但會讓政府領導人制定優秀的政策，產生正義而有益的結果，還會讓那群巫師以為自己施放了邪惡的咒語。

這種時候無論怎麼說，說謊似乎都沒有問題，而且反而很值得讚賞。此外，如果你有辦法躲開報復，說謊似乎就變成義務了。說真話反而是不對的。

如果巫師的立意良善呢？巫師可能會被誤導。許多父母都根據錯誤資訊，以為拒絕接種疫苗對孩子更好，而且即使看見絕大多數證據都反對自己的信念，依然不為所動。巫師也可能犯一樣的錯。

被誤導的善良巫師 I

一群被誤導又不理性的善良巫師想要幫助人們。他們把「**搞爛政府荼毒眾生咒**」誤認為「改良政府造福眾生咒」，於是打算施放。他們如果能夠知道真相，就不會施放這個咒語；但在各種因素的影響下，他們變得太蠢、太固執、偏見太嚴重，完全不可理喻，把每一個來勸告的人都打了回票，鐵了心要施放「**荼毒眾生咒**」。

不過，他們忘了「**搞爛政府荼毒眾生咒**」的咒語，所以跑來問你。你可以報出「**改良政府造福眾生咒**」，然後騙他們那是「**搞爛政府荼毒眾生咒**」；也可以不發一語，放任隔壁的人說出真正的「**荼毒眾生咒**」；或者自己誠實地說出真正的「**荼毒眾生咒**」。

被誤導的善良巫師 II

一群善良的笨巫師想用「**改良政府造福眾生咒**」幫助人民。這類咒語必須抄寫在卷軸上，然後把卷軸扔進末日火山才有用。不過這群巫師太笨了，在抄卷軸的時候誤抄成「**搞爛政府荼毒眾生咒**」。他們拜託你把這卷軸扔進末日火山。你可以告訴他們卷軸上的咒語是錯的，但根據之前的經驗，你知道他們固執到完全聽不進勸。不過你也可以答應他們的要求，然後自己偷偷重寫一個「**造福眾生咒**」的卷軸扔進末日火山。

以上這兩種狀況幾乎一模一樣。兩個例子裡的巫師其實都想幫助人們，卻因為搞錯了而想去做一些實際會傷害人們的事。[3]你在第一個例子裡說謊，在第二個例子裡假裝答應巫師。無論哪一種，欺騙巫師似乎都沒有問題。而且只要不會遭到報復，你似乎就有義務騙他們。

這類例子裡面的巫師，都會用魔法搞爛政府傷害人民。其中有些巫師真的想要（從言地，de dicto）傷害人民，有些則是真的想要（從言地，de dicto）幫助人民但搞錯了方法。那麼如果我們把巫師換成選民，把咒語換成民主程序，道德上會有任何差異嗎？

邪惡的選民

一群邪惡的選民想利用政府傷害他們討厭的人，因此需要選出一些代表，去實施一些不公不義的有害政策。你無法阻止這群選民投給那些公然支持有害政策的候選人，但你可以假裝自己支持這類政策，騙他們把票**投給你**，當選之後就去實施那些真正有益的政策，無視選前的承諾。

舉例來說，有些選民想發動不公不義的戰爭，或支持黑人歧視法（Jim Crow laws）。於是你假裝自己支持這些政見，藉此當選。然後拒絕開戰，也拒絕實施該法律。這些選民可能笨到連被你騙了都不知道，長期來看你很可能不會因此受傷。

善良的笨選民

一群善良的笨選民想讓政府幫助他人、增進正義，因此需要選出一些優秀的代表，去實施一些真正對人民有益、真正能增進正義的政策。但這些選民對社會科學一無所知、缺乏素養、被誤導、又無法理性思考，因此不知道真正能增進正義的有益政策應該長什麼樣子。他們全都把票投給打算實施壞政策的政治人物，那些政策全都與這群選民的目標背道而馳。這時候，你也出來競選了。你可以宣稱自己當選之後會實施他們喜歡的那些爛政策，藉此當選，然後實施真正能幫助人民的有益政策。這些選民可能笨到連被你騙了都不知道，長期來看你很可能不會因此受傷。

至少乍看之下，這兩個例子跟上面的巫師很像。這些巫師和選民都想要（無論是出於惡意或因為被誤導）造成大量傷害或做嚴重的不正義之事，因此活該被騙。如果阻止他們最好的或必要的方法就是騙他們，那麼無論怎麼說，騙他們至少沒有道德問題。而且如果不會遭到報復，騙他們就是義務。當然，這兩組例子可能並非真的那麼相似，或者選民可能具備某些讓他們不該被騙的性質。

選民真的像被誤導的善良巫師嗎？

接下來，我要簡單地解釋一下，為什麼至少乍看之下，我們可以把選民當成被誤導的善良巫師。

選民的動機大多很善良。絕大多數的政治科學研究都指出，選民投票時考量通常都是對整體社會的利益，而非對自己的利益，因此通常都會投給**他們認為**對社會有益的候選人。[4] 選民通常真的希望幫助他人，而非傷害他人。

不過，選民的無知與資訊錯誤程度也很嚴重。政治科學家菲利浦・康弗斯（Philip Converse）就說：「關於政治資訊的分布情況，我知道最簡單的兩件事就是……平均值很低，變異數很高。」[5]（其實不光平均值很低，眾數和中位數也很低）。著有《民主與政治無知》（*Democracy and Political Ignorance*）的法學家伊利亞・索明（Ilya Somin）也說，「大部分選民的無知程度，可以讓很多不熟悉這塊領域的研究者嚇一大跳」。索明整理了許多關於選民知識的實證研究之後發現，至少有百分之三十五的選民「完全腦袋空空」。[6]政治科學家約翰·費勒強（John Ferejohn）也表贊同：「最能讓研究輿論與民主的學生大受衝擊的事情，就是大多數民眾的政治知識有多麼匱乏」。[7]

舉例來說，大部分公民即使在舉行選舉的那年，也完全不認識該選區任何一位國會候選人。[8]大部分公民都不知道目前哪個黨控制國會。[9]在二〇〇〇總統大選期間，知道高爾（Al Gore）比小布希（George W. Bush）更偏自由派的美國人略多於一半，但他們似乎不知道「自由派」（liberal）是什麼意思。知道高爾比小布希更支持墮胎權、福利國家、提高黑人補助、支持環境管制的人明顯低於一半。[10]只有百分之三十七的人知道聯邦政府在一九九〇年代提高窮人補助，或者知道當時犯罪率下降。[11]想拿這些問題問美國人，還不如直接丟銅板決定。

其他幾次選舉的時候也類似。[12]美國全國選舉研究（American National Election Studies）調查了選民的**基本**政治知識，例如候選人是誰、分屬那些勢力等等。結果發現只有百分之前二十五的人算是資訊充足，中間百分之五十的人答對的機率跟丟硬幣差不多，最後百分之二十五的人則被系統性地誤導了（systematically misinformed，他們答對的機率比丟硬幣還差，而且系統性地相信一整套假的東西）。[13]

請注意，這個調查只問了**基本政治知識**，也就是失業率多高、目前誰在執政之類這種很容易找答案的事實。如果進入經濟學、社會學、政治學這些社會科學知識，選民的表現還會更慘；但沒有這些知識，你根本無法判斷哪個政策比較合理。大部分的選民不但會在基本經濟學的課上被當掉，而且還相信一整套錯的東西。[14]

選民的政治知識會明顯影響投票方向和支持政策。像是馬汀・季倫斯（Martin Gilens）、斯科特・艾陶斯（Scott Althaus）、布萊恩・卡普蘭（Bryan Caplan）就各自分析了不同的資料庫，結果都發現資訊充足與資訊不足的選民，在政策偏好上存在著無法用族群結構來解釋的系統性差異。[15]資訊很少或資訊錯誤的選民，容易支持社會科學家（無論是左派或右派）眼中有害的社會、軍事、經濟政策。季倫斯發現資訊充足與資訊不足的民主黨支持者，在政策偏好上有系統性差異。高收入的民主黨支持者通常都有大量政治知識，低收入的民主黨支持者通常都無知或相信錯的東西。後者在二〇〇三年更強力支持美軍入侵伊拉克、支持《愛國者法案》（Patriot Act）、支持政府侵犯公民自由、支持刑求、貿易保護主義、支持限制墮胎權與節育，他們對於同性戀的容忍度比較低，也比較反對同志權利。[16]

而且選民不只是無知或被誤導，更無法理性思考事情。政治心理學發現，大部分選民都有很多種不同的嚴重認知偏誤（cognitive biases）。政治心理學家李歐妮・哈迪（Leonie Huddy）、大衛・希爾斯（David Sears）、傑克・李維（Jack Levy）研究指出，「心理偏誤經常影響政治決策。人們經常習慣沿用慣性思維，不會仔細思考新資訊。」[17]選民深受動機性推理（motivated reasoning）、內群體偏誤（intergroup bias）、確認偏誤（confirmation bias）、可得性偏誤（availability bias）等等影響，[18]通常都會先形成一些幾乎沒有證據支持的政治信念，然後無論看到什麼新的證據，都不會回心轉意。而且覺得每個反對自己的人都有嚴重道德問題。能夠理性思考政治資訊的選民，根本是鳳毛麟角。

不過還是要說一下，政府不是只靠選民的投票方向來施政的。不是選民說什麼政府就會做什麼。有許多不同因素都會讓官僚、政府機關、政治人物擁有足夠的空間，去頒布或實施一些違反選民意願的政策。[19]本書假設選民的投票方向會明顯影響施政結果，但實際上可能並非如此。如果選民的票沒有影響力，自然就不可能傷害無辜民眾，那麼我們就沒有理由去騙他們。

同時欺騙好選民與壞選民

上述案例那種善良的笨選民，至少和現實中的選民有一個關鍵差異。案例中的所有選民都善良而愚蠢，但現實中卻存在極少數善良又聰明的選民。善良的笨選民被騙也活該，但如果政治人物為了保護選民而說謊，他會同時欺騙那些不該被騙的善良聰明選民。這是政治人物不該說謊的理由嗎？

我不認為。把「門前的兇手」再稍改一下，理由就出來了：

門前的兇手與英雄

一群猶太人為了躲避迫害，藏進了你的閣樓裡。這時，大門口同時出現了六個人。其中五個是要殲滅猶太避難者的納粹黨衛軍，但第六個是反抗組織的臥底，他想協助猶太難民逃亡。

黨衛軍問你有沒有藏匿猶太人。如果你說謊，就不只是欺騙黨衛軍，也同時在欺騙那個臥底。這種時候的謊言，同時會欺騙理當被騙的壞人以及不該被騙的好人，而且很有可能會妨礙到後者的義行。

但你的謊言通常不會**傷害到**那個反抗組織成員。這種時候說謊似乎是正當的，或至少是情有可原的。被騙的反抗組織臥底可能會不高興，但他知道你的謊言也是為了保護猶太人，所以不太可能說你不應該在黨衛軍面前欺騙他。即使你說謊的方式有可能適得其反，臥底最多也只會說你說謊之前應該多想一想。

而且當時你有**受到脅迫的理由**：如果你不欺騙那個不應受騙的無辜臥底，黨衛軍就會衝進去殺掉家中的無辜猶太人。而你的謊言沒有傷害那個臥底。因此，欺騙黨衛軍的部分似乎是正當的，而欺騙反抗組織臥底的部分似乎**情有可原**。

即使把狀況換一下也一樣：

門前的兇手與無辜路人

一群猶太人為了躲避迫害，藏進了你的閣樓裡。這時，黨衛軍來敲你的門，而你開門了。他站在門外問你有沒有藏匿猶太人，而世界上最善良、最無辜的兩個人，剛好從街上路過，一起停下來聽你怎麼說。這時你決定說謊，同時欺騙黨衛軍和這兩個無辜路人。

照理來說，這兩位路人不該被騙。但只要你欺騙黨衛軍，你也會同時欺騙他們（如果有人說你不是在**騙**他們，只是讓他們**聽到謊言**而已，那我們就把故事改成這兩位路人聽到問題的時候也同時跑來問你好了）。不過你的謊言不太可能傷害他們，而且是在情勢所逼之下說的，更可能成功挽救猶太人。因此說謊似乎是正當的，或至少情有可原。

如果你同意上述判斷，那麼你應該也會同意政治人物可以欺騙選民。假設大部分選民都因為錯誤的資訊，而支持危險、有害、不公不義的政策——也就是那些只要他們得到更正確的資訊就不會支持的政策——只有一小撮選民因為正確的資訊支持好的政策（話說現實就是這樣）。這時，如果政治人物為了上任之後能實施好的政策，而先假裝自己支持壞政策，騙選民把票投給她，她就會同時欺騙壞選民與好選民。不過她可以說自己的狀況跟「門口的兇手與英雄」一樣，而且至少沒有因此傷害到好選民。她可以對好選民說：「抱歉我騙了你們，但如果我說實話，那些壞選民想要的政策就會成功傷害到我們所有人了。」

不過出於某些原因，當我們把壞巫師換成壞選民，或者把被誤導的巫師換成被誤導的選民時，大部分人的看法都會改變。他們似乎相信選民有一些特性，讓我們不應該為了保護無辜大眾而欺騙選民。即使邪惡或善良的笨巫師和邪惡或善良的笨選民做的事情似乎完全一樣，我們依然只能欺騙前者，不應欺騙後者。[20]

由此可見，人們如果不是認為巫師與選民的例子並不那麼相似，就一定是認為選民具備某種特質所以可以免於防禦性欺瞞。但接下來我就要說，為什麼這兩種說法都沒道理。

「只會害到自己」論證以及純粹程序論

有哪些原因可能讓選民具備免於防禦性欺瞞的特殊豁免權呢，有一種說法認為巫師和選民並不一樣：

邪惡巫師會傷害**其他人**，但選民只會害到自己。人們有權傷害自己，我們不應該阻止他們這麼做。

「人們有權傷害自己」似乎很合理。如果我每天都吃五包吉百利迷你巧克力蛋，可能會得糖尿病。但似乎可以說，我有權利這樣把自己害死。無論這種行為再怎麼笨，別人也不應該來阻止我。

這種論證無效的原因是，壞選民的行為其實會害到別人。選民的意見並不一致，而且選民的決定會影響到其他人。所有民主國家都一定會強迫某些人接受其他人的決定。壞選民會傷害少數資訊充足的聰明選民、不投票的人、小孩、未來子孫、移民，以及不能投票但會被民主決策影響的外國人。像是美國人支持軍事介入的態度，就傷害了伊拉克的小孩。政治決策不太像是只替自己做決定，更像是幫所有人做選擇。

此外，即使選民真的「只會害到自己」（現實才不是這樣），**某些情況下**家父長式的欺騙可能還是沒有道德問題。例如你看到鮑伯拿起了一塊有致命氰化物的巧克力棒要吃，如果你告訴他那裡面有氰化物，他只會以為你是在開玩笑。但如果你改說裡面有他會過敏的花生，他可能就會放下了。這種謊言起碼是**情有可原**，甚至還算正當。而政治人物跟選民之間的關係有時候也是這樣。

另外還有一種很類似的反方論證認為，即使大部分選民出於惡意、無知、不理性而逼其他人服從政府的有害決定，也不會因此就不公不義。某些民主理論家相信所謂的「純粹程序論」（pure proceduralism），主張沒有任何獨立的道德標準能夠評斷制度的決策結果。例如哈伯瑪斯（Habermas）就主張，只要我們一直不斷使用某種非常理想的審議程序來做決策，我們做出的所有決策就都是正當的。[21]

純粹程序論背後的理由，通常是這樣：人們對正義的看法各自不同，所以用民主程序來解決爭議比較公平。但艾斯倫也說過，如果只是要公平，用擲骰子或丟硬幣來做政治決策也很公平，不一定要使用民主。[22]此外，純粹程序論可能會導出某些讓人極難接受的結果。純粹程序論認為，只要是由正確決策程序做出的民主決策，就是正當的。所以即使某個民主國家經由正確的程序決定實施黑人歧視法、決定用核彈轟炸海地、決定將強姦嬰兒合法化、決定由政府安排人民的婚姻，這些政策也全都是正當的。我想應該不會有多少人願意接受這樣的結果。比較合理的解釋反而是，民主應該或不應該做哪些事，在許多情況中都取決於某些獨立於程序的事實。

公共理性與真誠性

當代許多政治哲學家都同意「公共證成原則」（public justification principle）。該原則認為，要用政治權力正當地強制規範一群人，就得先讓被規範的人能夠「自己了解」（by their own lights）規範背後的理由，或者用他們能理解的方法讓他們「相信該規範是合理的」（recognize as valid）。[23]但這條原則的真正意義，卻引起了激烈的辯論。

乍看之下，公共證成原則似乎只是在討論某部分的政治正當性：關於強制性的制度規範，必須先公開建立一些無可非議的支持理由，才會具備正當性。然而某些（但不是所有）提倡公共證成原則的人認為，該原則的影響範圍不只如此。他們聲稱政治人物和公民在公開場合發表的政治言論，也需要受到該原則的約束。[24]

據我所知，在根據公共證成原則去要求政治人物必須保持真誠的論證中，最有力也最縝密的一個，是麥卡・史瓦茲曼（Micah Schwartzman）所寫的。如果史瓦茲曼的論證和公共證成原則都是對的，我的理論可能就會出現問題。我自己是認為公共證成原則以及其衍生出的理論，都既錯誤又不合理。但既然這些理論都很流行，我決定在這裡先岔個題，檢查我的理論會不會和它們衝突。

史瓦茲曼想要把公共審議當成政治人物必須真誠的理由。他的第一個前提是，要讓公民好好審議，政治行動就必須公開說出理由。第二個前提則是，民主審議通常能「改善政治決策的品質」。史瓦茲曼說第二個前提是「論證的關鍵」，並以此為基礎額外補充幾個前提，最後推論出結論：政治人物必須保持真誠。[25]

我不想重新爬梳整篇史瓦茲曼論文的真義。而是要相信他的說法，把第二個前提——由公民組成的公共審議通常能夠提高政治決策的品質——當成論證的關鍵。但我認為，如果它真的是關鍵，那麼這整個論證很可能站不住腳。

理想的審議者在審議之後會做出更好的決定，幾乎是一句同語反覆的恆真句。但理想的審議者是完全理性、沒有任何偏見、只用科學方法思考證據、只用理性下判斷的人。但現實中的審議，卻是由有血有肉的人類組成的。它的實際效果，是政治心理學研究的經驗命題。

事實上，政治心理學與政治科學家已經對民主審議的實際效果以及對參與者的影響做過大量實證研究，而大部分的結果都讓支持審議民主的人相當失望。政治科學家泰理・曼德堡（Tali Mendelberg）整理了當時（截至二〇〇三年）所有的民主審議實證研究，發現「幾乎完全看不到審議理論家想要的正面效果」。[26]之後的研究也一樣，只有少數實驗得出正面結果。[27]政治科學家黛安・穆茨（Diane Mutz）在回顧性論文中說：「政治討論在某一套目前無法達到的情境下**可能會**產生正面結果是一回事；但現實中的政治討論對參與者的真實影響卻是完全另一回事。」[28]

因此，我們無法確定史瓦茲曼的論證是否適用於現實。我們很可能像史瓦茲曼所言，不應該欺騙理想的審議者，破壞他們的審議。但本書討論的不是理想的審議者，而是現實世界的選民以及參與審議的公民。如果後面這些人算是理想審議者的話，我大概就有資格加入復仇者聯盟（Avengers）了吧。

而且即使不管上述問題，公共證成原則也並沒有說政治人物**完全**不能撒謊。公共證成原則的基本原理是，要讓強制權力具備正義性、正當性、權威性，就得先用適合的公開方法讓所有明理的人接受背後的理由。[29]但記得嗎，在公共證成理論中，要**證成**強制權力很難，但要**推翻**強制權力卻很簡單。每一個明理的人都可以阻止別人實施強制權力、推翻原本以為的權威性。公共證成原則最多只能說，政治人物一旦說謊，就無法公開支持以這些謊言為由所做的強制性行動，所以這些強制性行動會喪失正當性。但它並沒有禁止政治人物利用謊言去**阻止**別人實施強制性政策。公共證成原則的目的，是讓我們**很難實施**強制權力，而非**很難阻止**強制權力。它只說強制權力必須經過公共證成，可沒說阻止強制權力時也要。因此，即使以真誠為由的反駁論證成立，也只能禁止政治人物利用謊言實施強制權力，不會禁止他用謊言阻止強制權力。

舉例來說，假設選民想發動不公不義的戰爭、實施黑人歧視法、實施會造成嚴重傷害的貿易保護主義。這時我出馬競選總統，說當選之後會實現他們的所有願望，實際上當選之後，卻拒絕開戰、拒絕壓迫黑人、並繼續讓美國跟韓國買汽車。那麼我並沒有強迫任何人，只不過是阻止了強迫而已。因此，公共證成原則管不到我。即使公共證成原則真如史瓦茲曼所言，可以在某種程度上禁止政治人物說謊，它也只能禁止我為了強迫他人而說謊，不能禁止我為了阻止強迫而說謊。它不適用這些狀況。

滑坡式的反駁：我們可以為了自衛而傷害選民嗎？

最後一種反駁方式，是認為我的論證會進一步導出很極端的結論。因為我的論證是根據防禦性欺瞞原則所建立的，而防禦性欺瞞原則和防禦性殺人原則的結構很像。所以也許有人會說：

如果選民的行為很有可能導致嚴重的不公不義，那麼欺騙他們可能不足以解決問題。根據你的論證，壞選民就跟施放有害咒語的邪惡巫師沒兩樣。因此在必要的情況下，我們也可以為了阻止這些巫師而傷害他們。但這個結論不太可能為真。因此，這代表上述的想法很可能有問題。或許選民真的有某種不受傷害或殺害的特殊豁免權。照此說來，他們或許也有不受欺騙的特殊豁免權。

簡單來說，這種反駁認為如果選民不是防禦性暴力的合法目標，應該也就不會是防禦性欺騙的合法目標。

先說一下，這種反駁裡面的滑坡有時候可能是對的。至少我就認為，某些情況下選民真的會變成防禦性暴力的合法目標。例如我身處的民主城邦小國正在舉行公投，決定要不要用核彈轟炸手無寸鐵的隔壁城邦。這場轟炸違反正義，但我知道除了我之外的所有人都鐵了心要開戰，而且公投一旦結束，核彈就會發射。這種時候，我可能就會認為自己可以為了阻止選民前去投票而採取防禦性行動。當然啦，現實世界中的投票幾乎都不是這樣。

理論上，選民在某些情況下的確有可能變成防禦性暴力的合法目標，但這些情況在現實中幾乎不可能發生。根據防禦性暴力的常識理論，行使防禦性暴力的必要條件之一，就是**必須**要用這種方法才能阻止目標造成嚴重的不正義。這至少表示沒有任何其他非暴力的方法，可以同樣有效地阻止那個人。現實中要滿足後面這個條件太難了，而這剛好就是我們幾乎不可能允許對選民使用暴力的原因之一。

首先，政治人物可以改用目前他們常用的手段：**欺騙**選民。暴力是最後的防禦手段。只有在謊言和其他所有的防禦性干擾手段都失效之時，才有可能允許對選民使用暴力。因此，我聲稱政治人物可以欺騙危險選民，並不會滑坡到我支持可以用私刑殺死危險的選民；其實，政治人物可以欺騙危險選民可能是阻止我們對選民使用暴力的理由之一。

其次，防禦性殺人原則裡面有個但書：暴力必須愈少愈好。即使阻止恐怖分子造成嚴重不正義或嚴重傷害時必須殺人，你也不可以在只殺幾個人就能同樣有效地達成目標時去殺五十萬人。因此，即使我們可以對政府代理人正當行使暴力，通常也必須將暴力集中於一小撮人。例如假設南方選民投票支持奴隸合法化，而且投給那些支持《逃亡奴隸法》（Fugitive Slave Act）的政治人物。後來，我看見一個警察正在追捕逃亡奴隸。那麼我也許可以為了讓奴隸安全逃走，而用暴力阻止警察；[30]但實在不太能為此殺害南方選民。畢竟阻止實施法律的人比殺害選民有效多了，而且後者可能根本不會有用。

這時有人可能會說，既然如此，政治人物也不該欺騙選民。畢竟如果防禦性暴力應該集中在一小撮人身上，我們也應該只對一小撮人說謊，對吧？這說法有點道理，而且提醒了我們一件重要的事情：如果有其他方法跟說謊一樣，都能同樣有效地擋住違反正義的爛政策，我們就該改用那種方法。

不過說謊的門檻，可能遠比防禦性暴力的門檻更低。理由之一就是很多時候（甚至大部分時候）的防禦性欺瞞都不會傷害任何人，但暴力與殺戮總是會。例如本章之前說過，當你同時欺騙黨衛軍與臥底的時候，並不會**傷害**臥底。但正當使用暴力的條件，卻比說謊嚴苛多了。

假設我們舉行公投，決定要不要用核彈轟炸一下吐瓦魯來玩玩，而民調顯示大部分選民都贊成。這時候，我可以炸掉投票所阻止公投，但很可能會造成大量無辜人民死傷。或者我可以欺騙他們，讓他們產生假的信念，這就不太會造成什麼傷害了。

滑坡式的反駁說對了一件事。既然我認為選民沒有不受欺騙的特殊豁免權，我也應該會認為選民沒有不受殺害的特殊豁免權才對。沒錯，雖然我在這章只說我們可以欺騙選民，但我認為用來判斷什麼時候可以正當欺騙或殺害一般百姓的標準，以及用來判斷什麼時候可以正當欺騙或殺害政府代理人的標準是一樣的。只不過重點在於，正當殺害或傷害他人（無論是政府代理人、平民，或從事政治行動的平民）的門檻，比正當欺騙他人的門檻高很多。要讓暴力具備正當性沒那麼簡單。所以可以說，「你可以欺騙壞選民」與「你可以殺害壞選民」之間的滑坡，沒你想像的那麼滑。

干擾惡行，同時盡忠職守

我在之前幾章說過，你不會只因為接了一份工作、答應服從命令、同意完成職責，就變得可以做壞事或者有義務做壞事。如果你承諾要完成老闆的一切命令，結果老闆要你把不該服刑的人關進監獄，那麼這項命令就超越了你可以履行承諾的範圍。無論做出承諾、承擔職責、完成工作、還是成為受託人，都只能改變你原本已有的選擇，不可能免除你原本應盡的義務。

我在這一章用幾個改編過的「門前的兇手」思想實驗，來證明政治人物可以欺騙壞選民。這可能是這類行為中最難辯護的一種。如果我辯護成功了，那麼同樣的道理就能證明我們可以加入緝毒局阻礙不正義的反毒戰爭，或者加入國安局（National Security Agency）揭發國家侵犯個人隱私的不義行為了。

當然，很多政府代理人都會同時接到符合正義與不公不義的命令。有時候必須奉命去執行政府的日常事務，有時候卻會被叫去做一些不該做的事情。

通常如果你接了一份工作，你就有義務做好**你在道德上可以**在那份工作中做的事。舉個不切實際的誇張例子，假設你去納粹政府就職，上午的工作是處決猶太人，下午的工作是發放福利品給有小孩要養的媽媽。為了討論需要，我假設下午的工作是政府的正當職能，而且如果沒有人去發放，這些媽媽與小孩就會挨餓。這時候，根據本章的論證，你就可以為了搞破壞，去說謊而得到這份工作。當然你早上出現的時候，不應該殺猶太人。但吃完午餐之後，你就應該忠實地發放福利品，因為你答應政府要做後者，而且你的承諾義務沒有違反道德義務。不過這時候如果有某些因素，會讓你只要上午不去殺猶太人，下午就無法發放福利品，那麼即使你下午沒有發放福利品的話也情有可原。但如果沒有這樣的障礙，你就應該一邊拒絕做那些不公不義的事，一邊把自己在道德上可以做的部分做好（如果你覺得納粹的惡行誇張到沒有人應該去幫它工作，那我們就換個普通一點的例子。例如美國警察同時受命逮捕一名呼麻的人和一名殺人嫌犯時，他應該去逮捕後者，無視前者）。

現實中的警察、法官、聯邦探員之類的也一樣。美國的警察很可能同時受命去做一些正義的事（例如護送社工救出來的受虐兒）和一些不公不義的事（逮捕持有大麻的人）。這時候，你應該善意盡責地做好那些正義的事，那是你承諾政府要做的，所以你必須做。這個部分會受到承諾義務的約束。但那些不公不義的事，你就不應該做了。

第七章

法官的正義

法官該怎麼面對惡法

我們要在這章來談談最後一種，而且乍看之下最麻煩的一種狀況：**法官**與**大法官**該怎麼面對不義的法律。

大部分國家的法官，除了要負責執行法律之外，也得負責解釋法律的意義。他們碰到以下狀況該怎麼辦呢：

1. 某個被告的確犯下被指控的罪刑，但法律規定的最低刑度，嚴苛到違反正義的地步。
2. 某個被告被判有罪，但他做的事情不應該被判定為犯罪。例如過去的英國政府把數學家兼計算機科學家艾倫·圖靈的同性戀（Alan Turing）行為，以「嚴重猥褻」之名判為有罪。
3. 假設你是一八五六年的美國大法官，正在審理《德雷德·斯科特訴桑福德案》（Dred Scott v. Sanford）。你必須決定祖先被運到美國的黑人是否算是美國公民、這些人是否有權在聯邦法院提起訴訟、聯邦政府是否有權禁止或管轄各州的奴隸制。再假設（根據正確的釋憲理論，無論實際上是什麼理論）《美國憲法》明確指出這樣的黑人不能成為美國公民、不能提起訴訟，而且聯邦政府無權禁止各州施行奴隸制。

我認為法官在這類狀況中可以拒絕執行法律，甚至可以**曲解**法律。

我的基本論證很簡單。人民擁有權利。如果憲法或法律不承認這些權利，甚至侵犯這些權利，那麼該退讓的應該是憲法或法律，而非人民的權利。我們的權利限制別人有權對我們做什麼；限制別人有權通過怎樣的法律，執行怎樣的法律；也限制怎樣的憲法擁有正當性和權威性（如果憲法能擁有這些性質的話）。如果我們的權利與法律衝突，那麼法官應該無視法律，改做符合正義的事情。

要解釋憲法，還是要做對的事情

很多現代政府都學美國採用成文憲法，並在其中列出一些公民權利。原因之一就是明定這些權利優先於其他法律。在政府干涉這些權利前，需要先經過更嚴苛的審查、取得更完備的理由。

制定美國憲法的人顯然不相信權利**來自**憲法。他們不認為只要通過《權利法案》（Bill of Rights）就能**憑空創造**出權利，《權利法案》只是把既有的權利納入憲法中，確保司法系統承認這些權利而已。如果你去翻閱聯邦黨人（federalist）與反聯邦黨人（antifederalist）的辯論，你甚至會發現許多聯邦黨人反對通過權利法案的理由之一，就是這種法案可能會讓未來的法官或民眾誤以為該法案明列編纂了人民能擁有的每一種權利。他們說：「還是不要列出清單吧。因為我們可能會不小心漏掉某些重要的權利，結果讓未來的法學家誤以為除了我們列出的那些以外，人民就沒有其他權利了。」

這就是本章的重點問題。法官和大法官、地方檢察官、警官這些人的工作，就是**解釋**或**實施**法律。但如果法律或憲法的內容不公不義時怎麼辦？這種時候，他們如果忠實呈現法律的意義或直接根據法律的內容行事，可能就無法貫徹正義。因此，他們也許有時候應該刻意曲解法律。

法學的重要爭議之一，就是最高法院大法官或其他法官該如何檢視成文憲法或成文法律。不過這裡的「應該」不是道德上的應該。而是指如果這些人要決定法律究竟是什麼意思時，他們應該怎麼做。

當然，解釋憲法與法律的理論有很多種彼此衝突的版本，例如：

- **立法者意旨論**（**Original Intent Theory**）：應該用起草或批准法律者的原意來解釋法律，至少不要違反其原意。
- **原始公共意義論**（**Original Public Meaning Theory**）：應該用法律通過時一般明理民眾的理解方式來解釋法律，至少不要違反其原意。
- **活憲法論／鬆散建構論**（**Living Constitution / Loose Constructionist Theory**）：社會的共識和道德觀念都會不斷變化，憲法的解釋方式也應該與時俱進。

光是解釋憲法的主要理論可能就有十幾種。而在法學中，對於法律要件（也就是討論法律與命令之間的差異，或者真正的法律和「只是寫在紙上」從未真正實行的法律之間的差異）也有非常多彼此不同的看法。

我不知道哪一種解釋憲法和法律的理論才是正確的。因此，除非任何理論與下列我的主張衝突，否則我不對此採取任何立場。我認為法律完全只是一種社會現象而已。所以即使道德虛無主義（moral nihilism。它認為沒有任何東西是道德或不道德的，也沒有任何道德真理）成立，法律依然存在。此外，如果法律允許或禁止的標準，與正義的標準有所重疊，也只不過是偶然而已。由此可知，不公不義的法律（允許蓄奴、禁止同性性行為、禁止攝取咖啡因、徵收保護主義式的關稅等等）當然是法律。也許法律這個概念的關鍵，就是只有人民通常認定為權威的東西，才算是法律。我對此沒有任何立場，但這與法律事實上毫無權威性並不衝突。「《逃亡奴隸法》是法律，但沒有人應該遵守，也沒有人應該執行」這句話，在我眼中毫無矛盾。上述我的主張也許會與某些憲法解釋理論衝突（例如極端版的自然法論〔natural law theory〕），但與大部分的主流理論都相容。[1]

如果有人問你某條法律的真義是什麼，你會去想什麼才是**正確**解讀該法律意義的方法，但這和你在道德上應該做什麼，是完全獨立的兩個問題。我舉個非常誇張的例子。哲學家康德（Immanuel Kant）的寫作方式極為晦澀，很多文獻都想找出康德的原意，還有很多文獻專門找出解釋康德之前需要先懂的後設理論（metatheory）。那麼，假設我是全世界最強的康德研究者（事實上才不是），不需要像其他笨蛋一樣浪費一生苦苦研究，就掌握了正確的解讀方法，成功理解了康德的觀點。在某個奇怪的場合，另一位競爭者問我《道德形上學基礎》（*Metaphysics of Morals*）的 6:430 節是什麼意思。這位學者嫉妒我詮釋康德的能力，所以我知道一旦我告訴他 6:430 節的真義，他就會往我臉上打一拳。這時候，防禦性欺瞞原則就會說我可以編一個假的版本，因為我有權保護自己。

如果是保護他人呢？狀況也差不多：

詮釋家

安是著名語言哲學家。某天出門散步的時候遇到一群人遞給她一張紙，問上面那段話的意思。他們說：「安，我們認為那張紙寫的東西有權威性，我們覺得它說什麼，我們道德上就應該做什麼。但我們不太了解它的真義。妳是這方面的專家吧。可以拜託妳解釋給我們聽嗎，我們會完全照妳說的解釋去做。」安確定這些人完全是認真的，於是讀了那張紙，上面用簡單的英語寫著「去奴役人民吧」。根據正確的語言詮釋理論，這句話的意思的確就是「去奴役人民吧」。但安騙他們說：「這張紙說你不應該奴役別人。己所不欲，勿施於人。」

安對這群人說謊，但做了正確的事。她知道紙上說的是每個人應該隨意奴役別人。但她沒有把那句話「詮釋」成我們不該奴役別人，而是**欺騙**群眾說那句話要我們不可奴役別人。因為她知道眼前的群眾就像是門口的兇手，自己的謊言也許能夠阻止他們鑄下大錯。

不過我並沒有做更強的宣稱說，這時候安有義務說謊。例如她也可以說：「這張紙說你們可以奴役人民，但實際上你們不該這麼做。我們沒有理由照這張紙說的去做，只有卑鄙的人渣才會把一張紙當成道德權威。」我認為她有權說謊。但有沒有**義務**說謊，則有討論空間（下一章會細談這個問題）。

我認為大部分讀者都會同意上述意見。如果同意的話，接下來就來看看幾個憲法的例子。「斯科特訴桑福德案」（美國最高法院在一八五七年裁定，所有祖先被賣進美國的黑人，即便是自由的黑人，也都不能成為美國公民，而且不能在聯邦法院提起訴訟）造成了嚴重的司法不正義。不過其實法官只是用該案之前解釋憲法與法律的方式來解釋該案而已。以此看來，你可以說法官的判決相當「正確」。[2]為了論證需要，在此假設該判決「在憲法上是正確的」，也就是根據正確的理論來解釋憲法（無論該理論為何）。但我認為即便如此，法官還是可以以憲法法條是惡法為由拒絕實施該條文，或者謊稱憲法的條文站在斯科特這邊。

再換一個例子。假設美國最高法院要審理同性婚姻合法化的案子。為了論證需要，在此假設必須承認同性婚姻才符合正義；並假設在正確的解釋理論下，憲法並不要求政府承認同性婚姻。若是如此，法官此時就可以撒謊說憲法要求政府承認同性婚姻。

這兩個例子的理由都很簡單：

1. 我們可以欺騙門口的兇手（理由詳見上一章）。

2. 大法官身處的狀況與「門口的兇手」足夠類似。
3. 因此大法官可以說謊。

只有正義能約束法律，法律不能約束正義。

有些人可能會反駁說，法官和大法官不適用於這些論述。所以接下來我要討論這些反駁。

對於權利的極端法律論與純粹慣例論

我想大部分人都相信，即使憲法或法律（無論是否成文）不承認我們的某些權利，我們依然擁有這些權利。憲法和許多不同的法律結構都會將我們的權利編列其中，進一步保障這些權利；但它們通常不會**憑空創造**這些權利，而且即使沒有編列，這些權利也不會消失。你擁有言論自由權不是因為國家的憲法給了你這種權利，是因為這樣才符合正義。

不過，即使你相信我們的權利不需要法律也能存在，你還是可能會認為慣例（convention）或法律可以決定權利的細節。例如你可能會認為要允許成年人彼此合意發生性行為，才符合正義。但要多大年紀才算是合意，卻多多少少是由慣例來決定的。你也可能認為一方面應該讓人們擁有財產，另一方面也應該將過了太久沒人使用的財產收歸公有，才符合正義。但要隔了多久沒有使用才能收歸公有，則多多少少是由慣例決定的。這種觀點認為，權利與正義的大框架是由獨立於法律的道德規範決定的，但法律和慣例可以決定細節。

不過有些人的看法可能更極端，他們認為權利只不過是憲法與法律的產物。如果法律沒有列出某些權利，我們就沒有那些權利。所以如果美國廢除《憲法第一修正案》（First Amendment），美國人的宗教自由就立刻消失。即使政府強迫每個人改信天主教或飛天麵神教，也完全不會違反正義。

對於權利的來源，以及權利由慣例決定的程度，有三種可能的看法：

1. **純粹自然權利論**（**The Pure Natural Rights View**）：我們權利的每一種面向和細節，都不仰賴社會慣例、法律、國家而存在。
2. **溫和論**（**The Moderate View**）：我們的權利大體說來並不仰賴慣例與法律而存在，但某些面向和細節必須用慣例或法律來決定。
3. **極端法律論／純粹慣例論**（**The Extreme Legalist / Pure Conventionalist View**）：我們權利的每一種面向和細節，都要由政府頒布的法律來決定。[3]

這些觀點叫什麼名字並不重要。如果「自然權利」讓你覺得很煩，你可以換個名字。重要的是，前兩種觀點都認為我們的權利並不完全由法律條文或社會慣例決定。

三者之中，溫和論乍看起來最合理。而我不想在這裡討論純粹自然權利論，因為即使這種看法是對的，也只會讓我的論證更有力。下面我要反駁的，只有極端法律論。

相信溫和論的人會說，在不侵犯人們既有道德權利的前提下，法律可以創造出原本不存在的**法定**權利（legal right）。例如溫和論的法學家會說，既然法律說我的孩子有權接受公立教育，他們就有這種權利。他們認為雖然某些權利比社會慣例更早存在，但還是有一些權利可以在社會慣例之後才出現。

但極端法律論／純粹慣例論不這麼說。它們認為權利完全仰賴於政府制定的法律。因此，極端法律論可能會給道德平等論帶來問題，而且可能更傾向特殊豁免論。畢竟如果我們的權利完全是由法律決定的，那麼政府就可以決定我們擁有哪些權利。如果政府決定人民不應該用自衛的方式反抗政府，人民就無權這麼做。

不過更精確地說，極端法律論是否會與道德平等論產生衝突，要看一個政權實際上通過了什麼法律而定。假設極端法律論者認定某政權具有正當性與權威性，而該政權說人民沒有權利自我防衛，那麼極端法律論就會說，人民的確沒有權利自我防衛。但即使如此，道德平等論也站得住腳。理由很簡單：如果我們既不能反擊政府也不能反擊平民，那麼政府與平民在這情況下的道德地位就是一樣的。或者，假設該政權說每一個人都有生存權，但猶太人沒有。那麼極端法律論者就會說，沒有人有權保護猶太人不受平民或政府的傷害。但即便如此，因為猶太人以外的人還是有權保護自己不受平民或政府的傷害，因此這條法律也不會和道德平等論衝突。不過，如果該政府頒布一條法律說「每個人都有權保護自己和他人不受其他平民的傷害，但無權保護他們不受政府代理人的傷害」，那麼極端法律論者就會說特殊豁免論是對的，道德平等論是錯的。因此，極端法律論究竟會不會和道德平等論衝突，取決於法律到底怎麼寫。

不過，極端法律論會產生一些讓人難以接受的後果。例如下面這種：

隱士

你在探索世界的時候，發現了一個未知的島嶼。根據地圖與資料庫，你確定該島嶼既不受任何政府，也不受任何類型的國際法管轄。島上有個離群索居的隱士。你決定燒了他的花園、搜刮他的小屋、把他活活折磨到死來取樂。[4]

這種時候，極端法律論會說你沒有侵犯隱士的權利。因為既然他不受任何法律所管轄，自然就沒有任何法律或宣言能聲明他的權利，因此，該隱士沒有任何權利。但這種結論似乎太荒謬了。除非極端法律論／純粹慣例論者能提出極具說服力的論證，否則我們沒理由接受。他們的論證必須強到能讓我們覺得也許在慣例或法律以外我們根本就沒有任何權利才行。在接下來的幾小節中，我會討論幾種可能的說法。

極端法律論者可能會反駁說：「不對。隱士是自己的國王，只不過那個國家只有一個人罷了。他是自己的法律權威，所以當然擁有權利。」但這種說法還是行不通。例如即使你在殺死隱士之前，問他是否相信權利這種東西，或是否定過自己擁有權利，而他說「我是權利懷疑論者，我認為自然權利這種東西是無稽之談。要說起來，我還是道德虛無主義者，雖然我不想傷害別人，但完全不相信世上有對錯可言」，你也不會因為這樣就有權燒掉他的花園、搜刮他的小屋、把他折磨到死之類的。

目前最合理的說法是，人們擁有某些權利，而且未必都是法定權利。有時候，憲法和法律會**承認**或列出人們原本就有的權利。但即使某些政權不這麼做，這些權利還是不會消失。[5]

許多有趣的哲學爭論，都在討論人們擁有**哪些**權利，以及為什麼擁有這些權利。此外也有很多有趣的哲學爭論，在討論這些權利是絕對的還是有限度的（pro tanto。也就是能不能被其他因素蓋過去。舉例來說，如果警察或蝙蝠俠必須開走你的車才能阻止恐怖分子，他們可以徵收你的車嗎？）。不過這些辯論都只是要找出一些關於權利的事實，而不是利用法令來**創造**事實。這些辯論都不認為我們可以隨意決定人們有沒有生存權，也不認為我們可以任意增強或削弱人們的權利。

一些妥協與澄清

正如之前所言，自然權利溫和論者認為，權利的**關鍵部分**在某種意義上比社會慣例更早存在，但權利的細節部分有可能是由慣例決定的。我們有某些決定性的理由說，早在社會慣例出現之前，人們就有權活下去、有權不被奴役等等。但要實際保障這些權利，可能就得靠社會慣例，甚至是法律。例如我認為財產權不只是隨意訂定的法律慣例而已，但人們要占有某塊房屋或土地多久之後才能用「時效取得制度」（adverse possession）*來獲得那塊不動產，主要卻是由慣例來決定的。[6]

因此，溫和論可能會這麼說：「最高法院的大法官在審理時效取得制度的案子時，可以參考過去的判例、憲法、慣例。但還是有些先於制度的（preinstitutional）規則會限制她能說什麼。例如她不能說只要占有某塊地十秒鐘就可以取得那塊地，畢竟那樣的話現實中就無所謂財產權了。但在一定範圍內，她應該根據法律來判決。除此之外沒有更高的指導原則。」

此外，溫和論者也會同意公民會在某些情況下喪失自己的權利。他們可能會說，我們通常應該假設公民擁有權利，除非有一些可靠的方法足以判定他們喪失了權利。舉例來說，假設O・J・辛普森（O. J. Simpson）真的有殺妮可・布朗（Nicole Brown）。而自我防衛原則與保護他人原則都認為妮可有權在自衛時殺死辛普森。或者假設你當時剛好看到辛普森正在殺妻，你也有權殺死辛普森救妮可的命。但事實是事情已經發生了，妮可也死了，而法庭判辛普森無罪。這時候溫和論者可能就會說：「雖然辛普森真的做了壞事，理當坐牢。但既然法庭判他無罪，他就沒有喪失自由權。我們不能把他抓起來關在地下室。」（把辛普森關在你家的地下室是私刑，既非自我防衛也非保護他人。）我在第三章大致說過，政府可能完全不具備任何權威性。但即使如此，這嚴格說來也完全不影響我的論證。因為如果你在辛普森走出法院時把他抓起來關在你家的地下室，你既不是在自我防衛也不是在保護他人（這時的辛普森沒有對任

---

* 英美普通法中的概念。指他人未經房屋土地所有人同意，持續占用一段時間之後，即可合法取得該筆不動產的所有權。

何人造成立即性的威脅），只不過是在動私刑而已。

還有一種情況比較麻煩。有人可能會這麼說：「法官在『曲解』法律或拒絕執行之前要三思。這種行為可能會讓他們惹禍上身。他們可能會因此被彈劾、被革職，或者失去大眾的信任。而且如果在小案子上撒謊，也有可能失去在大案子中阻止更嚴重不正義的機會。例如一個反對蓄奴的低階法官如果想要當上大法官（藉此禁止蓄奴，甚至將其定為犯罪），可能就得先『附和』那些既有的不正義判決。」

法官的道德兩難在抽象層次上是這樣的：局部最佳解（local optima）可能會讓她無法獲得整體最佳解（global optima）。因此她可能得先耐住性子，在正確的時機發動防禦性行動。

說到這裡事情可能開始會變得有點麻煩了。但請注意，無論你對這件事抱持怎樣的立場，都有可能繼續支持道德平等論。因為一般平民也有可能遇到一樣的兩難（機率很低，但不是不可能）。例如安看到某個校園惡霸正要偷走別人的午餐，但同時也知道另一個惡霸不久之後可能要犯更嚴重的錯（例如風聲說他打算去揍人）。她知道如果立刻出手阻止前面那個惡霸，就得去校長室處理糾紛，無法阻止後面那個惡霸打人。於是她決定先按兵不動，準備阻止後面那個惡霸。這個案例可能會有爭議，但我們至少都能想出一些讓安決定當下不出手的好理由。

這邊的重點就是，法官和一般民眾可能會面對類似的困境。問題的原理沒有差別，只有發生的機率有差：法官遇到這類兩難的機率遠高於一般人。但背後的道德原則應該是一樣的。

雖然這麼說，但是當大法官不僅**無法伸張正義**，還會反過來**助長不正義**的時候，那麼事情就會變得比較麻煩（某些情況下我們則無法確定法官究竟是無法伸張正義，還是在助長不正義）。假設安是一個想要爬到高位廢除奴隸制的低階法官。要能夠晉升到大法官，她現在就不能過於激進，必須暫時跟體系同流合汙。有一天，她接到一則竊盜案。被告被判有罪，而且安也認為被告有罪。但她所在的州對竊賊的懲罰過於嚴苛，這類案件應該只能關幾個月，但在該州最短必須關二十五年。這種時候，如果安決定按法律來判處過長的刑期，就不僅是沒有用防禦性行動來阻止不正義，而且還是為了在未來阻止更大的不正義，所以當下自己先做不正義之事了。

她應該做這種事嗎？無論你的答案是什麼，都可能跟你支持道德平等論或支持特殊豁免論無關。因為這裡的重點並不是允許我們保護自己不受政府代理人傷害的門檻是否比不受平民傷害更高，而是權利到底是不是某種「邊際約束」（side constraint）。諾齊克（Robert Nozick）在《無政府、國家與烏托邦》（*Anarchy, State, and Utopia*）中論證指出，某一個正義論可能可以把人們的權利視為核心價值，但卻同時仍然沒有用正確的方式看待權利。[7]例如「權利的效益主義」（utilitarianism of rights）主張，我們應該去做將侵犯權利總量**降到最低**的行為，但諾齊克認為它看待權利的方式依然不夠正確。因為這種理論有可能支持那些嚴重或常態侵犯權利的行為，只要那些行為會讓侵犯權利總量降到比較低的程度。像是美國政府可以說，它是為了避免**他人**侵犯我們更多的權利才選擇監控我們的一舉一動。但諾齊克認為，這樣的政府最多只能說自己重視人民的權利，而不能說以正確的方式看待權利。

諾齊克認為權利是一種禁止我們做某些事情的「邊際約束」。當然，如果其他條件不變，我們就該選擇那些能夠將侵犯權利的總量降到最低的體制或行動。但在這之前，我們不能侵犯他人的權利。**不侵犯權利**的原則比**保護權利**的原則更重要。舉例來說，即使讓ＦＢＩ進行未經授權的竊聽，通常可以讓侵犯權利的總量降到最低（我認為事實並非如此），邊際約束論依然會說那是錯的。ＦＢＩ不能為了降低侵犯權利的總量，而去**侵犯他人的權利**。

無論如何，諾齊克認為權利可能不是絕對的，[8]而是一種邊際約束。我們不能為了讓侵犯權利的總量降到最低，而去侵犯權利。不過諾齊克也許會同意（他並未直接表明立場）我們可以為了防止**災難**或「毀滅性的道德災難」而侵犯權利。[9]也就是說，你不能從我這裡偷一百美元去買槍阻止別人偷一百零一美元。但如果是像《ＩＤ４星際終結者》那樣偷一架飛機去阻止外星人的母艦入侵地球，也許就情有可原。

道德爭議論證

每個人對於我們究竟擁有哪些權利的看法都不同，即使是世上最棒的法官與政治哲學家之間也沒有共識。我會在這一節討論幾種不同的反對意見。有人認為道德爭議存在的事實會顯示法官不應該曲解法律。

我們先從哲學家與政治理論家的反駁開始。他們可能會用下面的說法主張我對權利的看法是錯的：[10]

道德爭議論證

布倫南，你似乎想要無視、逃避、否認政治的存在。政治負責解決道德爭議。因為每個人對於我們擁有哪些權利的看法不同，所以我們才需要用民主政治來決定。我們不能仰賴某些獨立於民主程序之外的道德真理。

乍看之下，這種觀點似乎承認了某種基於奇怪理由的道德相對主義。我們在哲學概論的課堂上都會提醒學生，人們在某些議題上意見分歧是常見的事實，但這不代表那些議題沒有真理，或者每種說法的推論都同樣合理。世界上每一種事情都有人在爭論：演化論是否為真、地球的歷史有沒有超過一萬年、自由貿易是否通常對各方都有利、循環小數零點九九九……是否等於一等等，但這些問題的證據都壓倒性地支持某一邊。

為什麼道德問題具有爭議，就代表沒有任何獨立於民主程序的真理能夠決定我們有哪些權利，所以只能用民主程序來解決爭議呢？為什麼它不能導出我們應該**避免使用**政治手段呢？讓我來開玩笑地照樣造句一下：

政治負責解決道德爭議。但因為每個人對於我們擁有哪些權利的意見並不相同，所以我們必須小心使用民主政治程序。因為如上所述，很多人對於你擁有哪些權利的看法跟你並不一樣，如果我們用民主政治程序來討論這些爭議，這些人可能就會剝奪你的權利。

相信權利的人可能會認為我的照樣造句**反而比較合理**。既然我們擁有權利，就不應該在政治談判桌上討論關於權利的問題，這樣才能保護這些權利。

不過在此之前我們先來看看以下兩種說法。很多人都認為某種程度來說命題A傾向導致命題B，或是命題A能給我們更多理由相信命題B，但是命題A邏輯上不會**蘊含**命題B。

A　我們總是不斷爭論人們究竟擁有哪些權利。

B　我們應該用政治討論決定人們究竟擁有哪些權利。

命題A與命題B之間有很大的邏輯鴻溝。要從A這樣的前提推論出B，可能有兩種方式。第一種稱為純粹程序論。第二種稱為工具論（instrumentalism），我認為第二種比較合理。

上面提到的「道德爭議論證」似乎採納了某種激進的純粹程序論。純粹程序論認為沒有任何獨立的道德標準能夠判斷體制做出的決策好不好。例如哈伯瑪斯（Habermas）就主張，只要我們一直不斷使用某種非常理想的審議程序來做決策，我們做出的所有決策就都是正當的。政治理論家伊尼戈·岡薩雷斯—里科伊（Iñigo González－Ricoy）也說：「在民主社會，沒有任何與程序無關的道德標準能夠說人民行使投票權會造成傷害、不公不義、不具道德正當性。畢竟就是因為人們對於傷害、不公不義、不具道德正當性的標準有爭議，才必須用投票來解決。」[11]請注意岡薩雷斯—里科伊的這句話似乎包含一個很強的宣稱：他似乎認為人們對於傷害或不公不義的標準有爭議。因此，我們不能仰賴任何獨立的正義標準來評斷民主制度。

純粹程序論相信，的確有某些客觀的道德規範可以約束政治決策，但這些規範只能約束我們做決策的**方式**，但不能約束決策的**內容**。也就是說，這些客觀道德真理只能決定我們必須用**怎樣的**程序來做決策。

但這會推導出一些讓人無法接受的詭異結果。如果我們根據他們偏好的方式來做決策，結果決定用核彈轟炸一下吐瓦魯來玩玩。純粹程序論者就必須承認這個決策是正義的、正當的、道德上允許的之類。這似乎相當荒謬。

雖然有些人寫過論述支持純粹程序論，但它實在太過詭異，詭異到我懷疑根本就沒有任何人真心相信這個主張。[12]許多寫過論述支持它的人，例如傑瑞米．華頓、哈伯瑪斯、伊尼戈．岡薩雷斯—里科伊、伊恩．夏皮羅（Ian Shapiro）、尚塔．穆芙（Chantal Mouffe），在其他論文中似乎都不接受純粹程序論。例如傑瑞米．華頓的大部分作品（除了政治參與與歧見的作品）都在提出具體的論證說明某些東西符合正義，某些違反正義，同時也承認自己有可能搞錯。但據我所知，他從來沒有用純粹程序論的方式來導出這些結論。他從來沒有寫過「本論文認為，去年我們決定了X符合正義，所以X符合正義」之類的話。反而似乎都是根據一些獨立的道德真理，寫出一些與程序無關的論證。

真正的純粹程序論者不可能這樣做。因為他們要具體主張某件事符合正義時，他們不會用哲學論證，而只會用歷史研究或民調數據當作理由說「我們曾經決定了這件事符合正義」。

想要從A推導出B，**工具論**可能更為合理。抽象來說，**工具論**認為世界存在某些獨立於程序之外的真理，可以用來判斷我們擁有哪些權利，以及判斷正義需要哪些條件。然後工具論者希望我們用最能夠符合該真理的程序，來做政治上（甚至政治之外）的決策。

所以純粹程序論者會說「我們的民主決定如此，所以我們擁有這些權利」；然而工具論者則會反過來說「我們應該實施民主，因為民主比其他形式的政府更能尊重我們的權利」。

工具論者可以把道德爭議論證修改如下：

強調社會穩定的道德爭議論證

雖然我們對權利與正義的意見有差異，但多少總得和其他人一起生活。我們應該用非暴力的穩定方法解決爭執，讓生活免於暴力，避免誰也不聽誰，天天有人在街上打架。民主決策讓人們更容易接受決策結果。民主國家的人通常覺得，即使別人沒有照著自己的意見做，自己的意見也會被尊重傾聽。因此，民主通常是最穩定有效的解決爭議方法。只要某個社會中的大部分人都反對社會變革，變革就幾乎不可能成功。[13]

這種工具論論證，既不否認我們擁有權利，也不聲稱民主能夠解決爭議或判斷真相。而是根據經驗事實聲稱民主相當穩定，並解釋穩定的原因。聽起來不錯。

不過提出這種論證的工具論者還是可以說，**因為權利很重要**，所以只有在民主決策實際上通常能尊重並保護我們每個人各自定義的權利時，我們才應該使用和平的民主決策。這樣一來，他們就會同意我在本書的論證。當然，我們應該有一個具備違憲審查與各種權力制衡的自由民主政體，因為這種政體通常最能保障權力和平轉移，最能尊重人民的權利。另一方面，公民也有權防衛自己或他人，藉此讓整個系統**更健全**，防止政府代理人侵犯人民的權利或者為惡。

不過這些反駁意見也說對了一些事。社會凝聚力本身就具有價值。我們都知道應該要容忍日常生活的不完美（例如容忍親戚的閒言閒語或某人在看電影的時候講手機），而非去糾正每一件錯事。某些微不足道的權利侵犯（無論是平民或政府代理人造成的）就讓它去吧。

還有一種工具論的道德爭議論證，可能是這樣的：

尊重民主的道德爭議論證

每個人對於權利的看法各自不同。但如果很多人透過民主討論之後都認為我們有一套特定權利，那麼這就可以當成證據說我們真的擁有這些權利。民主不會憑空創造權利，但卻能可靠地**發現**我們擁有哪些權利。我們每個人個體的決策都很蠢，但整個社會的民主決策則相當明智。因此，我們應該尊重可靠的民主決策。當你的意見跟民主決策不一樣的時候，應該先假設錯的是你而不是它。[14]

官個人的判斷更正確。

我在第五章提了一些案例說，軍人收到了乍看之下不公不義的命令，但有理由相信上級掌握的某些額外情資，足以讓這些命令實際上是正義的。上面的論證也是類似狀況：即使法官認為法律不公不義，也應該想想法律是透過可靠、嚴謹的過程制定出來的，所以法律很可能比法官個人的判斷更正確。

不過這種反駁預設了太多不切實際的民主運作過程。我在第六章說過，大多數選民都對政治有著系統性的無知、不理性、資訊錯誤。這是因為每個人的選票力量太小，只有自己投得好不能因此受惠，只有自己一個人投得蠢也不會付出代價。即使在無知或錯誤資訊之下，用選票表達自己的看法也無所謂。此外，關於投票行為的實證研究發現，很少選民擁有具體的意識形態或政治信念。大部分人投票並不是因為支持政黨的政綱或意識形態，而是因為像他們這樣的人都是這麼投。[15]人們往往不是因為認同**政治信念**而支持某些政黨，而是因為支持某些政黨而相信他們提出的政治信念。選後的政治決策也大多基於利益交換，而非基於重要的道德真理。[16]

不過，上一個論證可能有一個更好的版本如下：

尊重普通法的道德爭議論證

普通法基本上是一個在一千多年來不斷演化、自發形成的法律體系。法官裁決案件時不僅需要考量公平與正義，也需要想辦法解決各方的爭端，讓人民能回去好好過日子。那些優良有用的裁決，日後會成為其他法官仿效的參考。此外，陪審團制度以及各層法院之間的競爭，也保障了來自各方的聰明意見可以進入司法系統之中。因此，普通法代表群眾的智慧。雖然民主程序容易做出愚蠢的決策，但普通法的決策過程容易做出**明智的**決策。法官在推翻普通法原則前應該更謹慎，因為普通法的正確機率通常比他個人更高。[17]

我認為，這是用工具論主張法官應該遵從法律的最佳論證了。請注意，它沒有主張法律的權威性源於法律本身，而是主張法官應該把普通法看作是根據獨立的道德真理一步步推出來的可靠規範；而且創造出了許多能夠解決真實生活問題因而值得人們尊重的慣例。

不過請注意，這種論述**並沒有說**法官即使確定**知道**法律錯了，依然必須遵從法律。它只是說法官想要推翻普通法時必須非常小心，因為通常普通法會比法官更正確。

我認為這種說法似乎是對的，它很像是第一章提到的重要警告：行使防禦性行動時必須非常小心。有些時候我們會被心理偏誤影響，誤以為自己需要採取防禦性行動（當然，也有些時候則會被心理偏誤影響，誤以為自己不需要出手）。雖然以民主方式決定的成文法律，未必是以特別可靠的方式或根據真實的前提制定出來的，但普通法並不會遭遇在立法機關與民主機構中會出現的誘因問題（incentive problem）。

不過，普通法傳統的一**部分**，就是法官有權推翻過去的判決並修改過去的法律。法官應該謹慎行事，並內化一些原則，用這些原則判斷什麼時候要遵守過去的判決，什麼時候要推翻這些判決，或至少掙脫它們的束縛。[18]

最後，這種論述與我的主要論點相容。當法律與正義衝突，法官應該堅持正義。當然他們必須知道，某些情況下他們會**誤以為**法律不公不義，因此在聽從自己的判斷之前應該格外謹慎。

本章總結

我在上一章所說的原理，同樣適用於法官。既然政治人物可以為了在勝選之後伸張正義，而欺騙劣質選民；法官也可以為了拿到伸張正義所需的職位，而欺騙壞政治人物跟劣質選民。這兩個論證大致上是一樣的。

本章列出了一些對道德平等論的新質疑，重點放在那些聲稱法官具有某種特殊地位的論證上。它們認為，即使政府或其代理人對於大部分民眾都不具備特殊豁免權，也可能對法官或司法系統具備特殊豁免權。但這類論證都同樣不太成功。有些論證從一開始就垮了；有些則是與其說在反駁我的論證，還不如說是在澄清我的論證。例如「尊重普通法」的論證，只是解釋法官在利用自己的判決影響法律時必須特別小心而已，其實和我的論點沒有衝突。

第八章

一定要反抗嗎？

最後的一些想法

我在前七章駁斥了特殊豁免論，辯護了道德平等論。藉此確定人們有權保護自己和他人不受政府不正義行為的侵害，而且面對政府時的自衛門檻，並不會比面對平民時的自衛門檻更高。政府與其代理人就跟其他人一樣，身上沒有罩著什麼道德魔法力場可以要我們乖乖地被他們的不正義所侵害。

不過有些哲學家認為這樣不夠。他們覺得我們在道德上不僅有權利反抗侵害，也有義務反抗侵害。這種義務可以用兩種方法解釋：

1. **完全義務（Perfect Duty）**：任何時候你都有義務（至少是顯見義務，prima facie obligation）防衛自己和他人，只要你有機會這麼做。
2. **不完全義務（Imperfect Duty）**：你通常有義務減少世界上的不正義，但你有很大的空間決定要在何時何地挺身而出。你不需要花一輩子去伸張正義保護他人。在某個時間點，你可以說自己「盡完該盡的義務了」。

完全義務是我們必須嚴格遵守的那些義務，而且我們不能自己隨便選擇遵守完全義務的方式。例如尊重他人生命權的義務，就是一種完全義務。我必須時時刻刻尊重他人生命，不能自己選擇什麼時候要遵守。不能說到了五十歲左右就說：「好啦，我已經盡完該盡的義務了，所以以後可以隨便痛揍別人了。」同樣地，不偷盜、不說謊也都是完全義務。

注意：完全義務不一定要是**絕對**義務。絕對義務永遠都必須遵守，而不會受到其他因素的影響。但至少根據定義，完全義務與**其他**更重要的義務相衝突時，可能就會被蓋過去。因此我們可以主張說，不殺人與不騙人屬於完全義務，但是不殺人或不騙人的義務有時可能會被其他更重要的義務蓋過去，或者可以說壞人可能會暫時喪失不被殺害或不被欺騙的權利。我在第二章也說過，某些時候人們應該承擔自己被殺害或被欺騙的責任。而當你因自衛而殺人時，並沒有侵犯到他人的生命權，因為被自衛行為殺死的人，暫時喪失了不被殺害的權利。

至於不完全義務，則是指有很大空間可以自己決定如何履行的義務。例如我們有行善的義務，但我們可以自己決定何時何地如何幫助別人，也不需要幫助每一個需要幫助的人。同理，許多人說我們背負公民義務，但我們有很多種方式可以履行義務，例如投出深思熟慮的一票、寫信給編輯、做志工。甚至可以說，好好修摩托車和做甜甜圈也是在履行公民義務。[1]同樣地，康德說我們有提升自我（self－improvement）的義務，但我們即使無事可做，也不需要花所有時間來培養美德、精進技能。我們只要抽空把握機會提升自己就可以了。

在這一章中，我會解釋反抗不正義為什麼不屬於完全義務。我在第二章列出了一些防禦性行動的案例（案例A－M與A'－M'）。在這些案例中，安都有權做防禦性行動，但未必**有義務**做防禦性行動（案例H與H'可能例外，詳見下文）。如果她做了，她是英雄。但即使沒有做，也不應該被指責。

不過我還不確定，反抗壓迫以及主動出擊減少世上的不公不義，算不算某種不完全義務。本章快結尾的時候，我會討論卡蘿・海伊（Carol Hay）和丹尼爾・席弗明（Daniel Silvermint）最近發表的論文。兩位哲學家都認為反抗壓迫是一種不完全義務。我懷疑他們的論證是否真的成立，但還是來看看他們的說法。

我認為，民眾通常有很大的特權去過好自己的小日子。即使必須面對不正義或身邊充滿不正義，你也不一定得加入正義的反抗軍。不過如果你對某些人負有特殊義務，或者你阻止某些不正義之事的代價夠低，那麼伸張正義可能就會變成你的完全義務。

不過政府代理人的狀況可能不同。政府代理人自願擔任某些負有特殊義務的職位。他們承諾要守護大眾為民服務，因此必須做得更多。此外，政府代理人往往有辦法用不造成負面效果的方式，干擾或阻止政府的不正義之舉。如果警察看到同袍執法過當，只要衝過去阻止他就可以了。警察不會因為同袍拉住自己就餵他吃子彈；但如果是你這樣的百姓衝過去，可能就會變成槍下亡魂。

超義務行為？

羅莎・帕克斯（Rosa Parks）在公車上拒絕讓座給白人乘客的事，後來引發了一場民權革命。雖然她沒有完全勝利，但仍是個英雄。

我們認為帕克斯是英雄，至少表示我們認為她做了超義務行為（supererogatory）。也就是說，她做了一件值得稱讚，但**不一定要做**的好事。那件事**超過了她的義務範圍**。我們不會去期待別人自動去做，但如果有人做了，我們會感謝她。

帕克斯可能會說，「我只是做我能做的」，但我們不會這樣說。英雄常常覺得自己的行為沒什麼大不了，只是情勢所逼，換成其他人也會這麼做。真要是那樣就好囉！

帕克斯是英雄沒錯，但她一**定得**當英雄嗎？之前幾千個人都沒有站出來，我們似乎也不會責怪他們。因此，好像不能說帕克斯只是在履行義務，而其他人沒有履行。如果真的是這樣，那我們應該不會讚揚並記得帕克斯，而是會譴責那些服從命令繼續被壓迫的人（相比之下，不殺自己的妻子就是義務。我沒殺掉自己的妻子也沒有人會讚揚我，但大家都會譴責並記得那些殺妻的人）。

有人可能會反駁說，某些時候我們認為履行義務的人才是英雄。例如那些在沉重壓力下沒有像其他人一樣逃避義務，反而堅持履行的人才是英雄。例如拒絕屠殺而且去拯救美萊村村民，甚至命令直升機組員射殺所有擋路美軍的休伊．湯普森（Hugh Thompson）就是英雄，但某種意義上他只是在履行義務而已。《悲慘世界》中面對窮追不捨的賈維，依然堅守承諾保護珂賽特的尚．萬強也是英雄。但這些履行義務的行為之所以英勇，是因為當時的巨大壓力讓他們面臨生命危險，即使不履行義務也**情有可原**。

某些人認為帕克斯的行為也是這樣。也許所有被壓迫的黑人都有義務反抗，但當時他們都被環境所脅迫，即使不守護自己的權益，某種程度上也情有可原。

因此，帕克斯的行為有兩種不同的方法可以解釋：

1. 她出於良心拒絕遵守法律，是一種超義務行為。
2. 她出於良心拒絕遵守法律，只是在履行義務。但當時她被脅迫，即使遵守法律也情有可原，所以履行義務挺身反抗的反而是勇者。

不過我覺得，其實兩種立場之間的差異沒那麼重要。無論你相信哪一種，都不會認為我們應該譴責那些**沒有**反抗的人，而且都會認為挺身而出的是勇者。所以在本章中，我會對以下兩種立場保持中立：

1. 公民反抗（civilian resistance）通常是超義務行為。
2. 公民反抗通常是義務。但在這種時候挺身而出的人，通常都面臨沉重壓力或巨大威脅，即使不反抗也情有可原，因此光是反抗即為勇者。

此外，政府代理人的狀況也跟平民不同。不遵守種族歧視法律的帕克斯，後來丟掉了百貨公司的工作。因此她可以說，做正確的事會被懲罰，所以不做也情有可原。但那些收到不公不義命令的政府代理人就不一樣了。你自願從事的工作本身就具備明顯的道德風險，所以即使可能會害你丟掉工作，也許你還是有義務抗命。

一個激勵人心的概念：不該讓無辜的人承擔不正義行為的代價

在大眾電影《上班一條蟲》（*Office Space*）裡，上班族麥可．伯頓（Michael Bolton）抱怨跟他同名的歌手把「麥可．伯頓」這名字搞臭了。麥可的朋友薩米爾說，你可以改名叫「麥克」啊。麥可說，要改名也該是歌手改名。把「麥可」這名字搞臭的是那個歌手，又不是我。

聽起來很搞笑，但上班族麥可點出了一個關鍵。「麥可．伯頓」這個名字變臭，是因為叫這名字的歌手做了爛音樂。所以該付出代價解決這件「不正義之事」的是那個歌手，不是那個上班族。當然，麥可．伯頓的歌也許並非什麼不正義之事（但我不太想承認。我以前在媽媽車上的廣播聽他的歌聽得好痛苦），但這無損於論證的基本架構。

不正義之事的代價應該盡可能讓肇事者，而非讓受害者或旁觀者來承擔。人們有免受不義待遇的權利。而既然這是他們的權利，通常就不應該由他們來支付不正義事件的**代價**。

也許最後一句聽起來過於極端。畢竟大部分人都認為，我們應該支付一些稅金去支持那些保護生命權與財產權的法律結構，也該自己付錢裝門鎖或防盜警報器。但真要說起來，其實這很不合理。這些做法只是因為我們找不到更好的方法去回應別人的不公不義行為而已。如果世界完全符合正義，我們就會直接尊重彼此的權利，沒有人需要為了行使這些權利付出代價。如果世界只有一點點不正義，我們則會想辦法讓侵犯權利的人付出所有代價，並要求他們補償受害者的損失。現實中我們之所以讓無辜的人為了保護自己的權利而付出代價，只是因為我們不知道怎麼做上面那種事而已。

請注意，這表示我們的許多常識和日常行為，都支持盡量讓做錯事的人來承擔犯錯的代價。我們把傷害別人的人送上法院，要他們賠償損失。常識告訴我們，在思考防衛行為的時候，不需要把加害者的生命與被害者的生命看得一樣重。如果看見一個男人要謀殺一個女人，我們不會說：「每條命都一樣重要。我們來丟個硬幣決定讓兇手殺掉女人，還是在必要時刻擊斃兇手吧。反正無論如何都能救一條命。」在道德危機（moral emergency）的狀態下，我們會說兇手必須自己承擔被傷害或殺害的責任。問題是兇手造成的，所以被害者的性命比兇手的更重要。

另一個激勵人心的概念：反抗的成本很重要

我們來想兩個情況。情況一，你有一根魔杖。揮一下，未來的不正義就會全部消失。而且你現在也沒更重要的事要做。但你不想去揮，你說你既沒有傷害任何人，而且阻止不正義也不是你的工作。

情況二，你有一根一百公斤重的魔杖，上面爬滿憤怒的紅火蟻，如果連續揮動七十五個小時，就可以阻止某個青少年偷一包菸。你非得去揮動它嗎？

你的判斷可能跟我不同。但我還是猜你會認為情況一的自己有義務揮魔杖，情況二就算了。情況一的你幾乎不需要付出任何代價，就可以做出比史上所有人都多的好事。情況二卻得自己付出龐大代價，才能阻止一件雞毛蒜皮的壞事。這點出了一個通用原則：我們通常都有一些不完全義務去幫陌生人反抗不正義，但也得考量預期成本與預期效益。如果對抗不義的預期成本遠大於預期效益，我們通常就沒有義務出手。

效益主義者當然會說，反抗是不是義務，可以完全用成本效益分析決定。如果預期效益超過預期成本（加上機會成本），反抗就是義務，否則就不是。

不過，成本與效益很重要，不代表成本效益分析就是一切。我們還是可以用一些其他的事情決定要不要反抗。通常，當預期成本遠高於預期效益，反抗就不是義務。但你即使同意上一句，還是可以說即使預期效益**略高於**預期成本（加上機會成本），反抗依然不是義務。

特殊義務可能會改變道德的計算方式

我們對每個人都負有一些義務。例如尊重每個人言論自由的義務。哲學家經常把這些必須對所有人擔負的義務稱為「自然義務」（natural duty。不喜歡「自然」這個詞的人可以換個名字，例如「普遍義務」或「基本義務」〔general / basic duty〕之類）。除了自然義務，我們還會對特定的人負有更多義務。例如我有義務讓我的孩子吃飽、穿暖、受教育、感受到愛，但沒有義務對陌生人的孩子這麼做。律師有義務向客戶提供優質的法律建議，但沒有義務對陌生人這麼做。我有義務幫助喬治城大學的學生寫出更好的論文，但沒有義務對附近的喬治華盛頓大學或喬治梅森大學的學生這麼做。哲學家把後面這種義務稱為「特殊義務」（special obligation），也就是一個人因為與一群特定的人產生某些特殊關係，而必須對他們擔負的義務。

至少在某些情況下，對他人負有特殊義務的人必須保護他的對象免受不正義之害。而且在這裡，他們**保護別人**的義務可能會比保護自己的義務更強大，或更嚴格。例如這樣：

1. 安在公車上遇到兩個老婦人，以種族為由羞辱她。
2. 安和女兒在公車上遇到兩個老婦人，以種族為由羞辱這對母女。

我們似乎可以說，狀況二的安更有理由挺身反抗老婦人。狀況一的安，可能有很大的空間可以決定要用什麼方式保護自己。如果她只是想搭個公車，也許就不需要去回嘴。但狀況二的安就必須設法保護女兒，讓女兒清楚知道不用怕，有媽媽在。所以你也許會說她有義務，或者至少更有理由挺身回嘴。

為了簡單起見，我不會在此進一步探討特殊義務的問題，而只會考慮我們沒有特殊義務的狀況。畢竟我們有沒有特殊義務為了保護某個人而反抗，取決於我們跟那個人的關係。特殊關係有幾百種，夫妻、父母子女、胞兄弟姊妹、堂表兄弟姊妹、代理人與客戶、師生、牧師與信徒、醫生與病人等等……細節各有不同。律師只有在某些情況下才需要為了保護當事人而反抗，父母卻有義務保護孩子不受各種威脅。因此，為了簡單起見，我們只討論保護自己與陌生人的狀況就好——我們對陌生人只負有自然義務。一般來說，為了保護自己與陌生人挺身而出，除了是**權利**之外，也是一種**義務**嗎？如果是的話，是完全義務還是不完全義務？

不當幫兇論證

有人可能會說，我們通常有義務不變成壞人的共犯，至少有義務在不正義面前避免保持中立。但丁（Dante）經常被引述的一段，就是他把那些故作中立的人類以及在路西法反抗神的戰役中不選邊站的天使，放在地獄的大門口，讓他們永無止盡地追著旗子跑，被虻跟胡蜂追著叮。但丁認為，雖然道德中立者比作惡者來得好，但依然需要譴責。馬丁・尼莫拉（Martin Niemöller）牧師也寫過一段很有名的詩：

> 他們來抓社會主義者的時候，我沉默了。因為我不是社會主義者。
> 他們關押社民黨人的時候，我沉默了。因為我不是社民黨人。
> 他們抓走猶太人的時候，我沉默了。因為我不是猶太人。
> 最後他們來抓我。但再也沒有人能夠為我說話了。[2]

尼莫拉這首詩，當然是在譴責對納粹暴行悶不吭聲的德國知識分子。

但丁和尼莫拉似乎都認為，在道德危機裡保持中立，即使沒有**積極助長**不正義那麼糟糕，但依然該被譴責。那些袖手旁觀而且不選邊站的人，雖然沒有做出惡行，但依然是錯的。

附帶一提，尼莫拉自己一開始支持過納粹，但後來還是挺身而出。結果因此被關進集中營裡七年，被整得奄奄一息。據我們所知，他也沒有拯救任何一個被迫害的社會主義者、社民黨人、猶太人（但後來可能以更有效的方式激發其他人共同反抗）。

也許有人會提出下面的論證：

1. 在道德危機中保持中立是不對的。
2. 凡不出手保護他人免於不正義之害者，都算是在道德危機中保持中立。
3. 因此，看見他人遭不正義之害時，不出手守護是不對的。守護他人是一種道德義務。

這種論證很常見，它想從「中立是不對的」推出「我們有義務守護他人免於不正義之害」。

不過我們來仔細看看前提一。「保持中立」是什麼意思？是指**態度**中立，還是指**行為**中立？過去十五年來，我不曾用任何方式試圖阻止蘇丹的性侵、內戰、種族滅絕、強迫遷徙（我為某些慈善組織付出時間金錢，但我不記得自己做過阻止蘇丹惡行的事）。所以在這件事上，我的行為是中立的，但態度並非中立。我沒做事，不代表我不在乎。

「道德中立是錯的」論證的問題在於，我們不確定前兩個前提為什麼成立。如果沒有各自提出論證去支持這兩個前提，就會陷入丐題謬誤（begging the question）。

要讓前兩個前提有效推出結論，我們可以把「道德中立」解釋為「沒做任何事去反抗不正義」。但這樣就會讓推論過程變成「我所謂的道德中立，包括不做任何反抗。道德中立是錯的，所以不做任何反抗是錯的」；整個論證也陷入丐題謬誤，變成「沒有阻止不正義是錯的，**所以**沒有試圖阻止不正義是錯的」。但如果我們不把「不做任何反抗」納入道德中立的定義中，就必須再找一些論證來解釋為何這種道德中立是錯的。

有個比較好的論證是說，我們應該避免成為**幫兇**。所謂的幫兇，就是鼓勵、協助、教唆別人去做不正義之事，或者有意地協助犯罪。一般來說，不出手阻止犯罪並不算是幫兇，[3]實質主動參與犯罪才算。更重要的是（至少在法律的定義中），**有意**協助犯罪的人才算是幫兇。

舉個例子，俄亥俄州門托市有一間叫做「瘋狂辣椒」的墨西哥餐廳，在二〇〇八年遭聯邦探員突襲檢查。餐廳老闆被控強迫非法移民「在餐廳內長時間工作，薪水低到不足以支付走私費和住處租金」。[4]在此我們暫且假設老闆把移民當奴隸的指控屬實，來比較以下兩種狀況：

- 辛蒂是瘋狂辣椒的常客，但並不知道員工都被強迫勞動。
- 湯姆在瘋狂辣椒上班。他知道員工都被強迫勞動，而且去買手銬來銬住這些奴隸，對他們大吼小叫。

辛蒂與湯姆的行為都讓員工更容易繼續被奴役，你可以說他們都「幫了」餐廳做壞事。但兩者差很多。辛蒂沒有犯罪意圖。她不知道員工被奴役，也沒有要奴役他們，甚至不知道自己常來這家餐廳會無意間讓員工繼續被奴役。至於湯姆，則是主動協助奴役。

也許有人會說，不出手阻止不正義的人都是幫兇，但他們濫用了「幫兇」這個概念。一般而言，**幫人做**壞事的人才叫幫兇，**光是袖手旁觀**並不算。而且至少在法律上，知情不報的人並不會被指控為共犯。法律認為只有擔任特殊職位的人，才會因為不出手阻止不正義而成為共犯。例如某些政府代理人有法律義務阻止其他代理人濫用權力；學校老師、醫生等人則有法律義務向政府通報虐待兒童案件。總之，只有那些原本就有義務阻止不正義的人，才會因為不出手阻止而成為幫兇。

有人可能會說，法律的標準太寬了，沒有反映道德真理。只要我們沒有出手反抗或阻止自己知道的不正義，我們就算是幫兇。但我認為即使這說法成立，也只表示「幫兇」的概念在這裡沒有任何作用。這樣做只會讓我們陷入丐題謬誤而已。看看下面的論證就知道了：

1. 成為不正義行為的幫兇是錯的。
2. 如果成為不正義行為的幫兇是錯的，不出手反抗就是錯的。
3. 因此，不出手反抗是錯的。

這個論證似乎並不健全（unsound），因為前提二似乎不成立。一般而言，「共犯」的定義並不包括你不出手阻止自己知道的不正義。當然，哲學家還是可以堅稱不出手反抗也是共犯的一種形式，將其改寫為以下的論證：

1. 成為不正義行為的幫兇（包括不出手反抗或防止不公不義）是錯的。
2. 如果成為不正義行為的幫兇是錯的，不出手反抗就是錯的。
3. 因此，不出手反抗是錯的。

非常明顯，堅稱不出手反抗也算是某種「共犯」之後，結論反而變得跟前提幾乎一模一樣。除非有另一個論證能證明前提一，否則整個論證就陷入丐題謬誤，只是不斷跳針重複。這類論證都走錯了方向。它們即使沒有陷入丐題謬誤，也無法提出支持結論的合理理由。想要證明人們通常有義務反抗不正義，我們得另外找一些獨立的理由，去論證維持中立的人都等於幫兇。不過，如果你直接把「中立」的行為塞進「幫兇」的概念裡，就變成只是在重申你應該證明的事情，並不是理由。接下來，我們就來看看某些獨立的理由吧。

支持反抗的康德式論證（海伊版）

卡蘿・海伊最近有一篇論文，用康德的道德理論主張我們有義務反抗壓迫。康德認為尊重並促進每個人的自主與理性是首要之務。而海伊指出壓迫有以下害處：

1. 壓迫會導致自欺。例如被壓迫的女性可能會以為自己低人一等或無能。
2. 壓迫會讓人難以理性思辨。例如壓迫可能導致飢餓，而飢餓可能會損害大腦，最終永久傷害批判思考與深思熟慮的能力。
3. 壓迫會導致意志薄弱。例如一個內化了負面刻版印象的人，可能會照著刻版印象而非自己的判斷行事。相信愛爾蘭人都是好鬥酒鬼的愛爾蘭人，可能會覺得自己無法反抗酗酒鬥毆的天性。[5]

壓迫的確會造成上述問題。海伊的確讓我們注意到某些之前比較不明顯的壓迫之害。但壓迫造成的傷害不僅限海伊說的這些。政府的惡行與壓迫可能讓人挨餓、死亡、痛苦、可能導致戰爭、經濟剝奪、可能侵犯公民權與財產權。政府代理人的惡行，則可能加劇犯罪、剝奪我們的經濟機會，或直接傷害我們的身心，剝奪我們的自由或生命。海伊同意壓迫會導致上述問題，而她提出的**另外**三個可怕惡果也確實為真。但至少乍看之下，海伊提出的三個惡果，都遠比壓迫造成的直接傷害更輕微。即使在康德式倫理學中，壓迫造成的侵犯他人權利以及謀殺之類的惡果，也比失去自制力、自欺或各種二階心理傷害更嚴重。

因此，如果我們原本就不認為自己有義務反抗壓迫，那麼加上海伊提出的三個壓迫的害處，似乎也不會改變我們的立場。這三個害處會變成壓垮駱駝的稻草嗎？好像很難。

康德式的倫理學，經常認為理性判斷的能力永遠都是最重要的，即使只是一丁點也不能放棄。但坦白說，這種觀點沒啥說服力。如果有個神燈精靈說，「我想讓你的理性思辨能力永遠降低百分之一，但不會因此做出更多錯誤行為。同時，你的快樂程度將永遠變成兩倍」，那麼這筆交易似乎滿合理的。當然，理性思辨的能力很重要，但真的有「那麼」重要嗎？康德有一些論證認為的確如此，但說真的，那些論證太詭異，不值得在這裡一提。

另一方面，如果海伊提出的新稻草真能壓垮駱駝，證明我們有義務反抗壓迫，那是否表示我們有義務反抗**每一次**遇到的壓迫呢？海伊搖搖頭，她說那會讓義務嚴苛到太不合理：「反抗壓迫有許多不同的形式。反抗壓迫的義務，在康德式倫理學中是一種**不完全義務**，因為它允許我們用各種不同方式實行。與完全義務相比，不完全義務的特色就是允許更多不同的實行方法。嚴格來說，完全義務要你執行**特定的行為**，不完全義務則只要你遵守某些普遍準則（general maxims）或行為原則即可。這些原則可能有好幾種實現方法，所以你有自己選擇的餘地。完全義務則不給你這種選擇的餘地。當我們說反抗壓迫是一種『不完全』義務，並不是說它比較不嚴格或不重要。而是說你有一種嚴格的義務去反抗自己所受的壓迫，但可以自己選擇如何反抗。它唯一禁止的，就是你面對壓迫卻不做任何事，默許自己被壓迫。」[6]

海伊說，她的論證只是要主張我們有不完全義務去反抗壓迫。在這項義務之下，我們每個人依然有夠多的自由，可以決定要做哪些反抗以及不做哪些反抗。

因此，海伊也會同意我的論述。她認為反抗壓迫是一種普遍的不完全義務，因此我們有很大的自由去選擇反抗壓迫的方法。但我在本章開頭問的是，百姓處於A－M或A'－M'的狀況時，有義務保護自己或他人嗎？海伊認為通常都沒有。

席弗明的幸福人生*論證

丹尼爾．席弗明也認為反抗壓迫是義務。海伊用康德式倫理學來主張這種義務，席弗明則認為這是一種出於促進自身福祉的自我關懷式（self－regarding）義務。不過席弗明的論證和海伊有滿多類似的局限。

自我關懷的義務，是指每個人要對自己的福祉負責。比如說，也許我應該好好發揮天賦不要浪費。或者應該挺身而出保護自己，不讓別人來辱罵，不需要別人來保護。也許我應該走出背叛的傷痕，學會重新去愛，諸如此類。

有時一般人會覺得，道德只討論人們對彼此的義務。但歷史上大部分的倫理學家都認為除了對他人的義務之外，也有自我關懷的義務。

我認為這些倫理學家說得沒錯。但還是要繼續問，我們對自己有哪些義務？我們應該反抗壓迫嗎，為什麼？它們是完全義務，還是不完全義務？

席弗明支持反抗義務的策略跟海伊一樣。

他列出了下面這串一般公認的反抗的利益，以及不反抗的代價：

1. 反抗能夠「主張你的道德地位與其他人平等」。[7]
2. 反抗表達了你的尊嚴。
3. 反抗是面對壓迫的自主反應。
4. 屈服和妥協也許可以帶來物質上的滿足，但卻讓你無法藉此成長。
5. 反抗會讓你「更相信自己身為人的價值」。[8]
6. 反抗可以增進你的自尊。

席弗明分別為每個效果舉出了很好的案例，這裡我就不重述他的論證了。為了論證需要，以下我暫且同意反抗具有上述效益，而屈服帶有嚴重代價。

不過請注意，席弗明並沒有說你每一次碰到不公不義時，都有義務反抗。他只是說碰到**壓迫**時，你有義務反抗：「我認為壓迫是一種社會環境。它系統性且無理地剝奪人們的自主權，或剝奪人們的生涯發展機會。通常它是由各種不同的規範、行動、習慣、制度日積月累而來的。壓迫的效果，幾乎能夠滲透到你生活中的每一個角落，並且揮之不去……受害者的典型特

* EUDAIMONIST.

徵，就是受到壓迫。」[9]

席弗明認為，受到**系統性的**不正義對待才算是受壓迫。例如經常被司法制度傷害的美國黑人就是被壓迫。沙烏地阿拉伯的女性也是被壓迫。但如果只是被搶劫一次，不算是被壓迫。席弗明探討的並非不正義的單一事件，而是系統性的壓力。

他主張反抗壓迫是一種義務，但並沒有說你每次碰到不義都有義務反抗。例如第一章與第二章的狀況A，「公園裡的槍擊犯」，兇手想殺小孩的行為就不算是**壓迫**。

此外，席弗明認為反抗壓迫是一種不完全義務：「如果受害者每一次碰到壓迫性的規定和行為都必須反抗，可能就無暇去追求其他改善人生福祉的重要目標。反抗壓迫才能保障尊嚴和自主權，但只為反抗而活卻可能失去生活中的其他重要價值。大部分的受害者都得在反抗與不反抗之間取得平衡，藉此促進並保障自己的福祉。某些受害者可能會認為反抗是讓生活產生價值的首要之務，但我並不認為每個受害者都得讓反抗占滿自己的生活，我甚至認為受害者不一定需要把反抗當成人生最重要的目標。」[10]

席弗明說，也許沒有任何一套通用的理論可以指出你什麼時候應該反抗。但他同意我的說法：即使你被壓迫，也未必需要加入反抗義勇軍。他相信每個人都有特權去過對自己有益的生活。而且他的論證其實就是在說，反抗壓迫對你有益，所以你應該反抗，但實際做法大抵由你決定。

這裡提到海伊和席弗明，是因為這兩位重要的政治哲學家最近都主張反抗壓迫是一種義務。但他們都沒有主張我們需要反抗每一次碰到的不公不義。我們只需要以不完全義務，反抗系統性的壓迫即可。

不過這也讓我覺得席弗明的論證跟海伊有一樣的問題。席弗明列出一些沒那麼明顯或沒注意到的影響，指出反抗壓迫的效益以及屈服於壓迫的成本。但我好奇，如果我們目前並不認為反抗是一種義務，為什麼加上這些效果就會改觀呢？我在海伊的論證就回應過，政府的惡行與壓迫可能讓人挨餓、死亡、痛苦、可能導致戰爭、經濟剝奪、可能侵犯公民權與財產權。政府代理人的惡行，則可能加劇犯罪、剝奪我們的經濟機會，或直接傷害我們的身心，剝奪我們的自由或生命。如果這些代價還不足以讓反抗變成不完全義務，為什麼加上席弗明那六個效果就會讓它變成不完全義務？

辛格的後果論論證

彼得．辛格（Peter Singer）有句名言：即使必須付出巨大的代價，我們也有嚴格的義務讓別人脫離貧困、疾病、和死亡。[11]辛格想藉此證明，我們目前捐出的善款少得太可憐，而且政府和非政府組織應該把更多資源從已開發國家轉移到開發中國家。據我所知，他還沒有討論過防禦性行動是不是某種義務。但那個他認為我們應該捐更多善款的論證，只要改一下就會變成我們應該為了自己或他人挺身反抗的論證。

我在這一節會先概述辛格的論證，然後解釋為什麼這個捐款救窮的論證可以修改成我們有義務採取防禦性行動的論證。接下來，我會批判辛格的論證。最後再指出為什麼辛格並沒有成功主張我們具有嚴格的義務去拯救他人。

辛格用一個簡單、清晰、強大的論證，證明為什麼我們每個人目前所做的慈善活動都太少。這個論證有一個強版本，和一個弱版本。[12]

辛格的主要論證

1.「因缺乏食物、住所、醫療而陷入痛苦與死亡，都是不好的」。[13]
2.（強版本的）辛格原則：「如果我們有能力阻止壞事發生，而且不用犧牲任何在道德上同等重要的東西，我們就應該去阻止。」[14]
3. 實證宣稱：我們捐錢給慈善機構，可以阻止他人因缺乏食物、住所、醫療而陷入痛苦與死亡。
4. 因此，我們應該捐錢給慈善機構。

辛格認為，這個強版本的論證表示大部分的第一世界人民都應該把絕大多數的收入捐出去，只能留基本生活所需。但他也提出另一個較弱的前提，這個前提沒那麼嚴苛，但還是需要我們多做許多事情：

2'.（弱版本的）辛格原則：如果我們有能力阻止壞事發生，而且不犧牲任何有道德意義的東西，我們就應該去阻止。

辛格認為，強版本的論證要我們捐出幾乎所有財產。弱版本沒有要求這麼多，但依然要求我們捐出非常多目前沒捐的東西。

辛格的論證只要小作修改，就可以用來證明我們有義務採取防禦性行動：

1. 因政府的惡行、暴力和虐待而陷入痛苦與死亡，都是不好的。
2.（弱版本的）辛格原則：如果我們有能力阻止壞事發生，而且不犧牲任何有道德意義的東西，我們就應該去阻止。
3. 實證宣稱：在某些情況下採取防禦性行動，可以阻止他人因政府的惡行、暴力和虐待而陷入痛苦與死亡。
4. 因此，碰到那些狀況時我們應該採取防禦性行動。

這個弱版本的論證沒有終止期限：它說無論什麼時候，只要我們能夠阻止壞事發生，而且不犧牲任何有道德意義的東西，我們就該去阻止。辛格認為，這顯然表示第一世界的每一個人都應該將收入的很大一部分捐給慈善機構。請注意，美國單身人口的貧窮線目前是一萬一千五百美元。即使經過物價修正，在美國以這種收入勉強維生的人，依然是位於全世界最有錢的前百分之十五人口，而且收入是全世界大多數人的好幾倍。[15]而且如今在美國，高效率的慈善機構很好找：像是去GiveWell.org捐款給排名前四名之一的慈善組織。不過，由於不義問題的實證宣稱沒有像原版的辛格論證那麼明確，我們不容易藉此推導出實際上遇到不義時必須怎麼做。有人可能會說，辛格原則表示我們必須用遊說或投票的方式改革社會，例如推動警察改革或者阻止國安局繼續監視人民。然而，單一個人的選票幾乎沒有任何影響力，而大部分人也幾乎沒有辦法組織一個政治團體去改革爛政府。相比之下，我把一千美元捐給「明確出擊」（Evidence Action）組織的「為世界除蟲」（Deworm the World Initiative）行動，卻可以合理確定他們會清除一萬八千名小孩身上的寄生蟲。[16]辛格原則似乎表示，我們只有在時間地點都適當的時候，才有義務採取防禦性行動。但這也表示大部分百姓可能一輩子都**不需要**對政府採取防禦性行動，畢竟我們大部分人一輩子都不會碰到A'－M'這樣的狀況。反倒是幫政府工作的人民更可能有機會必須採取防禦性欺瞞，或必須阻撓政府的行為。

辛格論證的重點是前提二，但前提是二成立嗎？

辛格提出了以下的思想實驗。很多人都認為這個實驗成功地指出我們直覺上支持辛格原則：

溺水的小孩

我在散步的時候，看見淺淺的池塘裡有個溺水的小孩。我應該跳進池塘去救小孩。我的衣服會因此弄髒報銷，但這是小事。小孩溺死通常比這嚴重多了。[17]

幾乎每個人都會同意這種時候我們有義務救小孩。這種時候繞開已經**不只是自私**了，而是違背了義務。你的西裝褲值一百美金，鞋子值兩百美金，它們可能都會報銷，但你還是**得去**救小孩。但如果你同意，辛格就問：既然你願意損失三百美金的衣服去救一個快要溺死的小孩，為什麼不現在就捐三百美金去救另一個快要餓死的小孩？

所以一個支持辛格原則的論證可以寫成這樣：

1. 在「溺死的小孩」這種狀況中，你有義務去救小孩。
2. 辛格原則最能夠合理解釋為什麼你有義務去救「溺死的小孩」。
3. 所以，辛格原則為真。

大部分人第一次讀到上面所說的「辛格主要論證」時，都會認為前提二的辛格原則太嚴苛了。但他們聽到「溺水的小孩」思想實驗，卻都會同意自己**必須**救小孩。接下來他們就會想說，如果他們同意必須救小孩的話，是不是也必須接受辛格原則呢？辛格原則解釋了他們認為必須救小孩的直覺嗎？對辛格來說，在這裡真正起作用的就是「溺水的小孩」這個思想實驗。

辛格本人並不完全同意用這種方式來解釋他的論證。他在〈饑荒、富裕、與道德〉（Famine, Affluence, and Morality）中，並沒有正式宣稱，辛格原則值得接受是因為它解釋或整合了你在「溺水的小孩」的道德直覺。他認為「溺水的小孩」只是適用辛格原則的其中一種狀況。他用這個思想實驗說明辛格原則的**作用方式**，但並沒有說這個思想實驗提供的直覺證據能夠證明辛格原則為真。[18]

不過說真的，即使辛格認為自己的論證沒有正式仰賴「溺水的小孩」的道德直覺，但該論證成立的主要功臣**其實就是**那個直覺。人們之所以會覺得辛格論證有說服力，就是**因為**他們不能一邊說自己得救溺水的小孩，一邊又說不想把大部分收入捐給慈善機構，那會自我矛盾。辛格本人也意識到「溺水的小孩」很有說服力，他在新書《你能拯救的生命》（*The Life You Can Save*）的最開頭，就用這個思想實驗來說服讀者接受辛格原則。[19]

所以我們可以問，那些相信自己必須去救「溺水的小孩」的人，都會同意辛格原則嗎？好像不一定。例如我們可以把「溺水的小孩」改成下面這個版本的思想實驗就知道了：

滿坑滿谷的溺水小孩

你在獨自散步時看見了幾百個池塘，每個池塘都有滿坑滿谷的溺水小孩。你可以跳下去救，每救一個都會損失三百美元。大部分小孩被救起來就沒事了，但有一些會掉回去。而且無論你救了多少人，即將掉進去的人都比你救的還多。你花一輩子也救不完這些溺水的小孩。

在這種狀況下，你必須救多少小孩，或者每天必須花幾個小時救小孩呢？

辛格原則可不只是說，每個人都得去救幾個小孩而已。強版本的原則說你必須花每分每秒救小孩，中間可以休息一下吃飯或增強自己救小孩的能力，但填飽肚子之後就必須跳回池塘裡。弱版本的原則允許你保有一些私生活，但大部分的時間還是得拿來救小孩。

我在課堂上問學生這些案例時，他們都對「溺水的小孩」和「滿坑滿谷的溺水小孩」產生不同的道德直覺。他們覺得只有一個小孩溺水時會跳下去救，之後繼續過自己的生活。但溺水小孩滿坑滿谷的時候，救小孩就**變成他們的生活**了。這些學生不認為，只因為你必須跳下去救一個「溺水的小孩」，所以你就必須一直接連不斷地去救更多溺水的小孩。大部分人反倒都認為：「我只要救到某個程度之後，就可以繼續過生活了，例如做一些不重要的小事。」

當然我要重申一次，辛格並不認為他的論證基於那個道德直覺。可惜的是，大多數人接受論證的原因，卻都是被「溺水的小孩」這類狀況的道德直覺所驅動。只是如果我們一次次地重複「溺水的小孩」場景（例如改成「滿坑滿谷的溺水小孩」），人們並不會因此認為自己必須遵守辛格原則，每次都跳下去救。因此，辛格原則似乎並不是最能夠解釋「溺水的小孩」道德直覺的理由。也因此，我們就不知道為什麼要接受辛格原則了。

其實與其說人們相信辛格原則，還不如說人們更相信以直覺主義（intuitionist）哲學家

W．D．羅斯（W. D. Ross）命名的所謂「羅斯原則」[20]：

> **羅斯慈善原則**
>
> 你通常都有義務做好事。除非你一窮二白，否則多多少少應該捐點錢給有用的慈善機構，而且你賺得愈多就該捐得愈多。此外在某些緊急狀況下，你應該跳下去幫助別人。不過一般來說，助人的時間地點可以讓你自由決定。平常你可以過好自己的生活，只要用自己選擇的方法幫助別人即可。

羅斯慈善原則掌握了道德常識的核心。幫助他人通常是我們的義務。而在「溺水的小孩」這類狀況中，我們也**有義務**出手。但我們必須拯救一個溺水的小孩這件事，並不能推出我們必須盡其所能去拯救所有溺水小孩。在那之前，我們有權過好自己的生活。同樣地，某些時候你有義務用防禦性行動保護他人。如果你有辦法用低代價與低風險的方式讓別人免於不正義之害，而且目前你還「做得不夠」，你就有義務出手行俠仗義。但如果不是這樣，你就不一定要出手。畢竟，助人是一種不完全義務。

結論

政治哲學的重要問題之一，就是一般平民什麼時候可以正當地對總統、國會議員、政府官僚、軍警、政府財產採取防禦性行動，甚至是防禦性暴力。這個問題的確很危險，但政治哲學不能因為危險就迴避它。

我認為，對政府或其代理人採取防禦性行動的道德門檻，和對平民採取防禦性行動的門檻一樣高。政府或其代理人沒有任何針對防禦性行動的特殊豁免權。如果平民因為作惡而被欺騙、阻撓、傷害，甚至被攻擊，那麼責任會落在作惡的平民身上。同理，政府代理人作惡時也一樣。

對手無寸鐵的無辜者施暴幾乎一定是錯的。主動攻擊要達到正當性的門檻很高。但以暴制暴要達到正當性的門檻就低很多，尤其為了保護自己或他人而正當施暴的門檻更是低得多。道德常識允許我們用暴力將他人從不義的威脅中拯救出來，也允許我們用暴力保護自己和他人不受不義的威脅。

在過去的八章中，我討論了各種試圖證明政府代理人對平民享有特殊豁免權的論證。以及某些試圖證明政府代理人對其他政府代理人、對可能成為政府代理人的人享有特殊豁免權的論證。這些論證全都失敗了。因此如果沒有出現其他成功的反駁論證，我們應該可以主張做壞事的政府代理人和做壞事的平民，在道德上是平等的。

我們很多人都看過警察勒死埃里克．加納（Eric Garner）的影片。[21]很多人也看過警察突襲時往嬰兒床丟閃光彈，把熟睡中的「寶寶」（Bou Bou）臉蛋炸爛的新聞。[22]如今《華盛頓郵報》開了一個專欄，專門記錄和解釋警察的執法過當。[23]而警察施暴與公民拒絕配合警察的影片，也成為YouTube上最受歡迎的類型之一。這個問題現在非常熱門，未來也不會消失。

暴力是一種很爛的方法。它雖然未必是解決問題的最後一招，但很少會是第一招。我沒有要幫無政府主義、暴力革命，甚至和平革命辯護。我沒有要幫社會變革理論辯護，也沒有去打造一個用來修正不公不義法律或消除系統性壓迫的平臺。這些問題都很困難，而且目前也還不知道社會科學家是否真的已經發現什麼方法可以解決問題，什麼方法不能。本書只想挑戰小一點的目標：我只想論證說，既然我們可以保護自己和他人不受其他百姓的不正義侵害，那麼我們同樣也可以保護自己和他人不受政府的不正義侵害。

政府代理人都背負著一些任務。其中最優先的，就是保護我們的權利並伸張正義，而非踐踏我們的權利或阻撓正義。去做後面那種事的政府代理人，會失去原本可能擁有、假定存在的權威性。當政府變成敵人，保護自己就是我們的權利。無論是參議員投票決定無視這些權利，還是警察因為日子過太慘而遷怒在我們身上，這些權利都不會消失。

許多政府代理人都以身涉險去保護我們的利益。警察的工作很危險（雖然伐木工、農夫、漁夫、屋頂裝修工、卡車司機、建築工人的工作可能更危險）。[24]國會議員、將軍、總統的責任很重，壓力很大，必須做出重大決定，背負巨大的道德風險。至於法官，也經常要做出艱難的道德決定。

在此同時，基於正義，我們每個人都擁有一種不可侵犯性，這種不可侵犯性禁止任何人侵犯我們的權利。政府代理人雖然背負著風險，但也背負比一般人更大的道德義務，必須保護我們的權利而非侵犯我們的權利。他們必須嚴守這些義務，不能退讓。如果他們退讓了，就不應該享有任何特殊豁免權。

誌謝

感謝 Heidi Hurd、John Hasnas、Michael Huemer、Alasdair Cochrane、David Boonin、Alasdair Norcross、Guido Pincione、David Schmidtz、Peter Jaworski、Bas van der Vossen、Bryan Caplan。感謝漢堡大學、亞利桑那大學、雪菲爾大學、北卡羅來納大學教堂山分校、北卡羅來納大學格林斯伯勒分校、科羅拉多大學的演講聽眾，對本書的觀點與論證提出了許多有用的建議與討論。感謝普林斯頓大學出版社的責任編輯 Rob Tempio 對我的持續支持，以及對於書寫方式的建議。

本書包含了之前 Brennan 2016b 與 Brennan 2017b 作品的內容與材料。

a-2016-update，查閱於December 16, 2017。

17. Singer 1972, 231.
18. 事實上，辛格拒絕那些基於直覺的論證。他認為這類直覺與判斷並不可靠，反而是用抽象道德原則進行深思熟慮的判斷比較可靠。參見Singer 2005, 350–51。
19. Singer 2010, 3.
20. Ross 1930.
21. 〈埃里克．加納案件無剪輯影像〉（Eric Garner Video: Unedited Version），《紐約每日新聞》July 12, 2015，YouTube https://www.youtube.com/watch?v=JpGxagKOkv8，查閱於December 16, 2017。
22. Alison Lynn and Matt Gutman，〈SWAT特警的「手榴彈」炸傷嬰兒，醫藥費高達一百萬美元〉（Family of Toddler Injured by SWAT 'Grenade' Faces $1M in Medical Bills），《ABC新聞》December 18, 2014，https://abcnews.go.com/US/family-toddler-injured-swat-grenade-faces-1m-medical/story?id=27671521，查閱於December 16, 2017（譯注：原網址失效，改為新版網址。查閱於June, 4, 2019）。
23. John Sullivan, Derek Hawkins, Kate McCormick, Ashley Balcerzak, and Wesley Lowery,〈有五分之一的誤殺無辜警員姓名仍未公開〉（In Fatal Shootings by Police, 1 in 5 Officers' Names Go Undisclosed），《華盛頓郵報》https://www.washingtonpost.com/investigations/in-fatal-shootings-by-police-1-in-5-officers-names-go-undisclosed/2016/03/31/4bb08bc8-ea10-11e5-b0fd-073d5930a7b7_story.html?utm_term=.b3e49404bc60，查閱於December 16, 2017（譯注：原網址失效，改為新版網址。查閱於June, 4, 2019）。
24. Blake Fleetwood，〈警察的工作沒你想像的危險〉（Police Work Isn't as Dangerous as You May Think），《赫芬頓郵報》January 15, 2015，http://www.huffingtonpost.com/blake-fleetwood/how-dangerous-is-police-w_b_6373798.html，查閱於December 16, 2017。

第八章 一定要反抗嗎？

1. 參見Brennan 2011a, 43–67。
2. Martin Niemöller，〈起初他們……〉（First They Came for the Socialists ...）https://www.ushmm.org/wlc/en/article.php?ModuleId=10007392，Holocaust Encyclopedia, United States Holocaust Memorial Museum。查閱於December 15, 2017。
3. 某些政府官員之類的特殊人士，可能會因為不作為而被視為幫兇，但這只有在他們的職務內容包括阻止犯罪，例如教師和醫生必須檢舉虐待兒童現象時，才會成立。但在大多數狀況下，不作為都不算是幫兇。
4. Robert L. Smith,〈門托市餐廳問題第五幕：聯邦突襲檢查〉（Mentor Restaurant Part of Five-State Raid）。該報導寫到「瘋狂辣椒」餐廳壓榨非法移民。《Free Republic》April 17, 2008，http://www.freerepublic.com/focus/f-news/2002768/posts，查閱於December 15, 2017。
5. Hay 2011, 24–27.
6. 同上，29–30。
7. Silvermint 2013, 418.
8. 同上，420。
9. 同上，405–6。
10. 同上，422。
11. Singer 1972.
12. 同上。Singer 2010 第二章有一個新版的論證，但本質上完全一樣。
13. Singer 1972, 231.
14. 同上。
15. 計算用數據來自〈我們有多富有？〉（How Rich Am I?），Giving What We Can組織，https://www.givingwhatwecan.org/get-involved/how-rich-am-i/，查閱於December 16, 2017 (譯注：原網址已失效，此為更新網址。查閱於June 4, 2019); 另參見Milanovic 2005。
16. Austin Walker and Katherine Williams,〈驅蟲需要多少錢？ 2016年新版資訊〉（What Is the Cost of Deworming? A 2016 Update），Evidence Action, July 5, 2016，https://www.evidenceaction.org/blog-full/what-is-the-cost-of-deworming-

然有決定性的理由不傷害他人。我不會在這裡深入討論這個版本。但想對此提出一個問題：這種觀點真的是在拒絕溫和的自然權利論嗎，或者只是一種解釋這類權利從何而來的道德理論？而且無論答案為何，這種觀點似乎都不會牴觸道德平等論。只要效益主義可以給我們決定性的理由不殺隱士，即使隱士搬到一個法律允許殺他的社會，這些決定性理由也不會消失。

6. 在Huemer 2017b中，以完整的論證捍衛了這個認為財產權既非完全自然，也非完全由社會慣例決定的中間觀點。
7. Nozick 1974, 28–34.
8. 同上，30。
9. 同上，30。
10. Waldron 1998, 322; Waldron 1999; Shapiro 2003, 9; Fraser 2008 這些作品，似乎都支持類似這樣的觀點。
11. González-Ricoy 2012, 50.
12. 純粹程序論似乎屬於Mark Timmons (2012)文中所謂的「權威式道德理論」(morality by authority)。「權威式道德理論」也包括神諭論(divine command theory)、道德主觀論(subjectivism)、文化相對論(cultural relativism)。這四種觀點都認為，道德和正義的內容是由一個特定的人物或群體決定的，只是在權威人物是誰，以及權威人物如何決定道德內容上有歧見。神諭論者認為道德是由上帝任意決定的。主觀論者認為你有權根據自己的感覺決定道德內容。純粹程序論者則認為道德內容是由特定的政治程序決定的。
13. 該論證參見Gaus 2017。
14. 參見Landemore 2012等著作。
15. Achen and Bartels 2016; Brennan 2016a.
16. Mueller 2003.
17. Hasnas 2004等著作，解釋了普通法為什麼應該會比成文法更明智。
18. 參見Levin 1992; 以及Louis Brandeis大法官在《柏內特訴科羅納多石油天然氣公司》(Burnet v. Coronado Oil & Gas Co., 285 US 393 (1932), 405–10)案件中的反駁意見等等。

Kahan, Peters, Cantrell Dawson, and Slovic, 2017; Tversky and Kahneman 1973; Chong 2013.

19. 參見Gilens 2012等著作。
20. 參見Schwartzman 2011; Habermas 2001; Rawls 1971, 130, 138; Cohen 2009等著作。這些作品和其他類似著作都認為，民主需要「真誠」和「公開」，政客和所有參與者，都必須為自己正在做或想要做的事情，提供真誠而全面的解釋。
21. Habermas 2001.
22. Estlund 2008, 6, 75–82.
23. Vallier and D'Agostino 2013.
24. Gaus 1996; Gaus and Vallier 2009; Kang 2003.
25. Schwartzman 2011, 381.
26. Mendelberg 2002, 154.
27. 此研究的回顧性文獻參見Brennan 2016a, 54–73。
28. Mutz 2006, 5.
29. Gaus 2003, 208–18簡單統整了這些哲學立場。
30. 若想讀此議題更進一步的討論，參見Brennan 2016a。

第七章　法官的正義

1. 也就是說，自然法的法學家多多少少會接受本章的主要觀點。他們會同意法官有義務維護獨立定義的正義，但隨後也會說，法律在某種意義上該做的就是實現正義。他們認為違反正義的法律並不是真正的法律。我因為某些理由不同意這種看法，但與他們抱持相同的規範性結論。
2. 辯護此觀點的論述可參見Finkelman 2008。
3. 這是Huemer 2017b論述的簡略改寫。
4. 這個例子和這段論證也改寫自Huemer 2017b。
5. 極端法律論者可能會說：「但你還是有決定性的理由不殺隱士，不燒毀他的花園。原因不是隱士具有任何權利，而是效益主義。效益主義是對的，它禁止我們做出一切會導致壞結果的事情。」這可能是極端法律論者能給出的最合理回應了。它主張即使沒有任何法律慣例禁止我們造成傷害，我們依

第六章　為了搞破壞而刻意撒謊

1. 別忘了，即使康德也可能會承認，我們可以在某些特殊狀況下說謊。參見 Mahon 2009; Varden 2010等作品。
2. 說謊的人如果只是情有可原，那麼說謊依然是錯的，但也許可以減輕部分的義務和譴責（例如有人拿槍指著我的頭逼我說謊，那麼我就不須為說謊承擔義務，但我說謊依然是錯的）。但如果一件行為不是情有可原，而是正當的，那麼它就完全沒有錯。
3. 用術語來說，巫師有一個在語言意義上(de dicto)幫助他人的願望，同時又有一個在事實上(de re)傷害他人的願望，而且前者更強烈。
4. Chong 2013, 101; Funk 2000; Funk and Garcia-Monet 1997; Miller 1999; Mutz and Mondak 1997; Feddersen, Gailmard, and Sandroni 2009; Brennan and Lomasky 1993, 108–14; Green and Shapiro 1994; Markus 1988; Conover, Feldman, and Knight 1987; Kinder and Kiewiet 1979; Huddy, Jones, and Chard 2001; Rhodebeck 1993; Ponza, Duncan, Corcoran, and Groskind 1988; Sears and Funk 1990; Caplan 2007; Mutz 1992; Mutz 1993; Citrin and Green 1990; Sears, Lau, Tyler, and Allen, 1980; Sears and Lau 1983; Sears, Hensler, and Speer 1979.
5. Converse 1990, 372.
6. Somin 2013, 17–37.
7. 被Converse 1990, 3引述。
8. Hardin 2009, 60.
9. Somin 2013, 17–21.
10. 同上，31。
11. 同上，32.
12. 參見Althaus 2003, 11等著作。
13. 同上，11–12。
14. Caplan 2007; Caplan, Crampton, Grove, and Somin 2013.
15. Gilens 2012, 106–11; Althaus 2003, 129; Caplan 2007.
16. Gilens 2012, 106–11.
17. Huddy, Sears, and Levy 2013, 11.
18. Westen, Blagov, Harenski, Kilts, and Hamann 2006; Westen 2008; Haidt 2012;

3. Darren Samuelsohn，〈高爾沒有放棄〉（Al Gore Is Not Giving Up），《Politico》April 24, 2014，http://www.politico.com/magazine/story/2014/04/al-gore-is-not-giving-up-106003，查閱於December 11, 2017。
4. 有人可能會覺得醫生應該揭露利益衝突。不過大量的心理學實證研究發現，揭露利益衝突會傷害病人，或至少適得其反。參見Loewenstein, Sah, and Cain 2012。
5. 參見Huemer 2017a。
6. 感謝麥可・修瑪的構想。
7. 《警察就職誓言》，維基百科，https://en.wikipedia.org/wiki/Police_oath，查閱於December 11, 2017。
8. 這種觀點的確有爭議。警察的委託人究竟是雇主，還是人民？鑑於警察通常都發誓要保護民眾，而且民眾通常有合理理由對警察抱持信任與依賴，我傾向認為警察的委託人是人民。這也是我認為警察的腐敗與濫權特別令人髮指的原因。
9. Estlund 2007.
10. Estlund 2008, 28–29, 275–81.
11. 同上，216。
12. 同上，33。
13. Gaus 2003, 208.
14. Rawls 1996, 137.
15. Gaus 2003, 208–18簡單統整了這些哲學立場。
16. David Lefkowitz (2009)也用這種方式詮釋艾斯倫的觀點。
17. Gaus 2003, 208–18簡單統整了這些哲學立場。
18. 用術語來說，我在事實上（de re）希望艾登去做一件錯的事，在語言上（de dicto）希望他做對的事，而且後者的願望比前者更強烈。
19. 知識權威的完整理論，可參見Zagzebski 2012。
20. Singer 1972; Unger 1996.
21. 參見Hall 2015。

6. Brink 1986.
7. Andrew Blake，〈歐巴馬下令的無人機攻擊，誤殺了百分之九十的無辜人士〉（Obama-Led Drone Strikes Kill Innocents 90% of the Time: Report），《華盛頓郵報》October 15, 2015，https://www.washingtontimes.com/news/2015/oct/15/90-of-people-killed-by-us-drone-strikes-in-afghani/，查閱於December 11, 2017
8. Milgram 1963。這後面的幾段，修改自我和David Schmidtz著作的概述。參見Schmidtz and Brennan 2010, 213–14。
9. 米爾格蘭在一九六三年的實驗前，估計耶魯的大學生服從率為百分之一・二。四十位耶魯大學精神科醫師推估的服從率，則是百分之零點一二五。參見Blass 1999, 963。
10. 回顧性論文參見Hewstone, Rubin, and Willis 2002。
11. 相關的進一步實證證據，參見Iqbal and Zorn 2008; Jones and Olken 2009; Spragens 1980。
12. Hurd 2001, 308.
13. 感謝麥可・修瑪提出這個看法。
14. Hurd 2001, 311.
15. 同上，331。
16. 同上，321。
17. Nozick 1974, 30.
18. 有人可能會說，不同權利的重量不同。決定吃高達乳酪的權利，不像是決定愛上誰或決定跟誰結婚的權利那麼重要。因此，第一種權利造成的威脅也沒有第二種權利那麼嚴重。但即便如此，保護自我與他人依然是很重要的權利，而且說不定是最重要的權利。

第五章　勇敢說不

1. 《美國陸軍入伍誓言》，http://www.army.mil/values/oath.html，查閱於December 11, 2017。
2. 《美國陸軍軍官就職誓言》，http://www.army.mil/values/officers.html，查閱於December 11, 2017。

11. Huemer 2012, 32–33. 在修瑪引用的三個獨立案例中，最高法院與其他主要聯邦法院都裁定政府對個別公民沒有義務，只對全體大眾負有義務。
12. Hart 1955, 185.
13. 感謝麥可・修瑪的構想。
14. 參見Brennan 2016a, 47–48; Huemer 2012, 101–36; Schmidtz and Brennan 2010, 213–16, 226, 236。
15. 西蒙斯在Wellman and Simmons 2005, 95指出，即使最堅持必須守法的人也會同意，大部分的司法體系都包含了一些沒有人有義務遵守的法律。
16. 本節包含了我在其他地方提出過的論點，例如Brennan 2016a, 140–71; Brennan 2011b。
17. 話說雖然我沒有對此做過科學的民調，但我在過去幾年的幾十場演講中，拿這個例子給大約二千人看過。大部分人都認為這裡的陪審團不具權威性。
18. 陪審團與被告之間的關係，似乎類似於受託義務。但如果把兩者之間的關係直接類比於受託義務，可能低估了法官的義務。如果受託人違反委託人的信任，通常我們會視為故意侵權。委託人可以起訴受託人，要求賠償損失。但大部分的受託人與顧客之間都是自願訂定的契約關係。
19. 西蒙斯說得好，「對許多百姓而言，留在自己的國家並遵守大部分法律，幾乎是唯一的選項。而對大部分人而言，積極反抗國家實際上是不可能的。我們每個人都被迫活在至少某個國家中，而國家一定或多或少會提出某些核心要求。這些事實都讓我們認真質疑，所謂人民基於具有約束力的政治同意而自願執行許多行為的說法，究竟可不可信」。(Wellman and Simmons 2005, 118)

第四章　其他支持特殊豁免論的通用論證

1. Estlund 2008, 11, 140.
2. Locke 1980, 11–14.
3. 參見Alexander 2013等著作。
4. McMahan 2009, 162.
5. Brennan 2008有更長的論證，說明為什麼道德理論是用來解釋決策，而非用來提供決策程序的。

15. 參見Varden 2010; Mahon 2009等著作。
16. 請注意，這邊的獄卒是無辜的主動攻擊者。
17. Marina Fang,〈近年無人機殺死的人，接近百分之九十不是攻擊目標〉（Nearly 90 Percent of People Killed in Recent Drone Strikes Were Not the Target），《赫芬頓郵報》January 3, 2017，http://www.huffingtonpost.com/entry/civilian-deaths-drone-strikes_us_561fafe2e4b028dd7ea6c4ff，查閱於December 8, 2017。

第三章　政府權威性論證

1. 這些名字分別來自散播偽科學的「食物寶貝」Vani Hari、哲學家彼得・辛格、經濟學家丹尼・羅德里克（Dani Rodrik）、以及很愛找政府要補貼的發明家伊隆・馬斯克（Elon Musk）。
2. Estlund 2008, 2。亦可參見Christiano 2012。早期政治哲學使用這些語詞的方式比較隨意而沒有統一，但在近十年左右，我在這裡使用的定義已經成為了學界慣例。在社會學，「正當性」有另一個源自馬克斯・韋伯（Max Weber）的定義，是指社會認為政府具有的權威。但該概念與這裡的辯論無關。
3. Michael Huemer (2012)用「政治權威」同時指涉這兩種道德力量，並將第二種力量稱為**政治義務**（political obligation）。
4. Hohfeldian用「正當性」指涉某種特權或脅迫他人的權力，並用「權威性」指涉某種提出要求的權利，以及某些脅迫他人的權力。
5. 參見Simmons 1996, 19–30等著作。不過西蒙斯使用「正當性」與「權威性」的方式與我不同，我使用的定義後來在文獻成為標準用法。Smith 1996的調查，顯示了大部分的政治義務概念有多麼站不住腳。同主題亦可參見Applbaum 2010。
6. Huemer 2012, 19.
7. Green 2003.
8. Dobos 2017.
9. 真的有這樣的書：Huemer 2012。
10. 如果你讀過我的其他作品，就會看過我用Fender Telecaster吉他來舉一個類似這樣的例子。不過其實我買很多把吉他。

4. 這段說法，是以精簡的方式改寫LaFave 2003, 569–74。
5. 參見Hurd 2001等著作。
6. LaFave 2003, 569–82.
7. Hurd 2001, 316.
8. 同上，326–27。
9. Altman and Wellman 2008, 253.
10. 超人在DC漫畫《不義聯盟：人間之神》(*Injustice: Gods among Us*)裡面指責蝙蝠俠的不殺原則。該宇宙中的小丑總是不斷越獄，他在這次的越獄中引爆了核彈，殺死了大都市中的所有人。超人指出，蝙蝠俠明明**知道**無論如何關押小丑都擋不住他越獄，卻依然不殺小丑。因此，蝙蝠俠必須為大都市的毀滅負起部分義務。超人的指責也許太強烈。但我們依然可以質疑為什麼蝙蝠俠死守不殺原則。蝙蝠俠**知道**(而不只是猜測。他有相當充足的理由去相信這件事有很高機率成真)只要不殺小丑，小丑就總有一天會殺死無辜的人。許多版本的蝙蝠俠故事都各自用不同方式解釋過他為何拒絕殺人(但某些版本的蝙蝠俠則殺人)，可惜大部分的解釋都很薄弱。例如在《不義聯盟》裡，蝙蝠俠似乎認為只要殺人，就有損自己的人格。但這似乎只讓蝙蝠俠陷入了某種惡性的人格特質戀物癖。假設我的孩子未來會被某人所殺，而我殺死這個兇手將讓我的德性永遠降低百分之十，這時候，拒絕殺死兇手拯救孩子似乎就變成一件既詭異又邪惡的事情，因為這意味著我認為我的人格比孩子的生命更重要。若想閱讀此議題更進一步的討論，參見White 2008。
11. McMahan 2009, 168; Nozick 1974; Thomson 1991.
12. 這是McMahan 2009, 165的微幅改版。大部分哲學家認為我們可以殺死鮑伯，但必須將他的生命與我們拯救的其他人同等對待。所以我們不能為了救一個人而殺他，但可以為了救幾十個人而殺他。
13. 即使康德也很可能會承認，我們可以在某些特殊狀況下說謊。參見Mahon, 2009; Varden 2010等著作。
14. 說謊的人如果只是情有可原，那麼說謊依然是錯的，但也許可以減輕部分的義務和譴責(例如有人拿槍指著我的頭逼我說謊，那麼我就不須為說謊承擔義務，但我說謊依然是錯的)。但如果一件行為不是情有可原，而是正當的，那麼它就完全沒有錯。

U.S. Spy on Internet on a Vast Scale），《紐約時報》August 15, 2015，https://www.nytimes.com/2015/08/16/us/politics/att-helped-nsa-spy-on-an-array-of-internet-traffic.html?_r=0。查閱於December 7, 2017。Glenn Greenwald，〈歐巴馬曾讓政府在葉門殺害一名十六歲的美國人。而川普剛剛讓政府殺了這名美國人八歲的妹妹〉（Obama Killed a 16-Year-Old American in Yemen. Trump Just Killed His 8-Year-Old Sister），*Intercept*, January 30 2017，https://theintercept.com/2017/01/30/obama-killed-a-16-year-old-american-in-yemen-trump-just-killed-his-8-year-old-sister/，查閱於December 7 2017。

30. Thandisizwe Chimurenga，〈黑豹黨說得對〉（The Black Panthers Had the Right Idea），CounterPunch, December 11, 2014，http://www.counterpunch.org/2014/12/11/the-black-panthers-had-the-right-idea/，查閱於December 7, 2017。似乎只有一名旁觀者拍下了該事件：http://www.latimes.com/local/lanow/la-me-ln-chp-punching-video-marlene-pinnock-charges-20151203-story.html
31. 〈OC周刊：洛杉磯警長在長灘槍殺Noel Aguilar〉（OC Weekly: Los Angeles County Deputy Shooting of Noel Aguilar in Long Beach），YouTube，December 18, 2015，https://www.youtube.com/watch?v=6I-Xg-Ga1a8，查閱於December 7, 2017。
32. 〈地方檢察官播放行車記錄器的意外槍擊影片。但警察不會面臨任何指控〉（DA Plays Dash Cam Video in Accidental Shooting; No Charges Will Be Filed），《Action News Now》，http://www.dailymail.co.uk/news/article-3360037/Shocking-moment-cop-accidentally-shot-husband-neck-climbed-overturned-SUV-wreck-killed-wife-NOT-charged.html，查閱於December 7, 2017。
33. 參見Brennan 2017a。
34. Nock 1929, 345.

第二章　防衛倫理學

1. McMahan 2009, 8–9.
2. Hasnas 2014.
3. LaFave 2003, 570.這邊所謂的「不正當」（unlawful）比較接近於「道德上是錯的」而非「非法」（illegal）。

its-rivals.html，查閱於December 7, 2017。

23. 我發現很多人都用下面的方法回應我：「布倫南是自由意志論者。自由意志論是錯的。所以他寫的《反民主》、《投票的倫理學》（*The Ethics of Voting*）、《強制投票：支持或反對》（*Compulsory Voting: For and Against*）、《沒有限制的自由市場》（*Markets without Limits*）等書一定也都是錯的。」他們說即使這些書都不預設、不仰賴、也不要求自由意志論；但如果我是個平等主義者（egalitarian）或其他立場的人，這些書看起來就會變得千篇一律。
24. 康德本人對本書中的問題也發表過看法。他在某些情況支持，某些情況下反對我的意見。但這都不表示他的**理論**蘊含了這邊說的結論。康德的理論長什麼樣子是一件事，康德認為自己的理論蘊含哪些東西是另一件事。康德認為自己的理論蘊含自慰是錯的，而且私生子（bastard）應該被處死。但在這件事上，康德很可能誤用了自己的理論（我是站在康德的立場這麼說的。至於我也曾經是很混帳的〔bastard〕十幾歲小男孩則是另一件事）。此外，康德的定言令式（categorical imperative）也無法直接推出他大部分的政治哲學立場。實際上產生影響的是那些中間原則。關於康德的政治哲學並沒有大幅仰賴定言令式一事，可參見Ripstein 2009。
25. Gödel 2001.
26. Stephanie Gallman，〈前喬治亞州副警長被控在閃電突襲中將嬰兒打成殘疾〉（Ex-Georgia Deputy Sheriff Indicted in Flash-Bang Raid That Maimed Toddler），《CNN》July 22, 2015，http://www.cnn.com/2015/07/22/us/georgia-indictment-flash-bang-case/index.html，查閱於December 7, 2017。
27. Sandhya Somashekhar and Steven Rich，〈傷亡統計：警方在2015年殺死986人〉（Final Tally: People Shot and Killed 986 People in 2015），《華盛頓郵報》January 6, 2016，https://www.washingtonpost.com/national/final-tally-police-shot-and-killed-984-people-in-2015/2016/01/05/3ec7a404-b3c5-11e5-a76a-0b5145e8679a_story.html?utm_term=.8ea6b7289410；〈致命武力：警方殺死963人〉（Fatal Force: 963），《華盛頓郵報》，https://www.washingtonpost.com/graphics/national/police-shootings-2016/。查閱於December 7, 2017。
28. Balko 2013.
29. Julia Angwin, Charlie Savage, Jeff Larson, Henrik Moltke, Laura Poitras, and James Risen，〈AT&T大規模協助美國政府監控網際網路〉（AT&T Helped

Guerena Killed: Arizona Cops Shoot Former Marine in Botched Pot Raid），《赫芬頓郵報》August 19, 2011，https://www.huffpost.com/entry/jose-guerena-arizona_n_867020，查於December 6, 2017。附帶一提，Guerena並不像我寫的安那樣在家中藏有任何毒品。

14. 德州理工大學學生Hollis Daniels III，在持有大麻且拒捕的過程中殺死一名警察，並試圖逃跑。他最後被逮捕並承認殺人。參見David Warren，〈警方表示學生承認殺死德州理工校警〉（Police: Student Confessed to Killing Texas Tech Campus Cop），《芝加哥論壇報》October 10, 2017，http://www.chicagotribune.com/news/nationworld/ct-texas-tech-officer-killed-20171009-story.html，查閱於December 6, 2017。我不知道該案所有實情，但至少根據二〇一七年十月十五日為止的所有資訊以及我的理論，這名學生使用暴力似乎沒有問題。Daniels的行為過於輕率，因為幾乎必定失敗。但根據本書的理論，他有權行使防衛性暴力。逮捕和處理Daniels的方式違反了正義。當然，這種主張是否合理，也取決於人們是否有權使用大麻，以及緝毒戰爭是否違反正義。我認為這兩個觀點顯然為真，但不會在這裡討論這些問題。參見Huemer 2004; Brennan 2012; Flanigan 2017。
15. Brownlee 2013.
16. Charles Cobb Jr.(2014) 用詳細的論證指出，金恩接受非暴力抗爭並非只是因為道德義務論而已，而是帶有策略考量。金恩知道黑人一旦出手，白人就會殘暴回擊，反而是非暴力抗爭可以讓黑人平權運動獲得更多支持。不過金恩只是把武器收起來不用，而不是完全反對暴力。他同意許多情況下我們可以把暴力自衛當成最後手段。
17. 參見Bicchieri 2016; North 1990等著作。
18. Kavka 1995, 2.我插入「一定程度上」五字，是因為歷史上沒有任何政府成功禁絕所有私刑。
19. 參見Huemer 2012等著作。
20. 參見Huemer 2012;Leeson 2014; Stringham 2015等著作。
21. 參見 Brennan 2012, 54–80。
22. 這句話源自美國眾議院議員Barney Frank。參見Ross Douthat，〈政府與其競爭對手〉（Government and Its Rivals），《紐約時報》January 28, 2012，http://www.nytimes.com/2012/01/29/opinion/sunday/douthat-government-and-

注釋

第一章　第四種選擇：反抗

1. 大幅改編自真實事件：Jonah Engel Bromwich，〈俄亥俄警察暴力逮捕黑人〉（Videos Show Ohio Police Officer Violently Arresting Black Man），《紐約時報》August 17, 2017 https://www.nytimes.com/2017/08/17/us/euclid-ohio-police-brutality.html。查閱於 December 6, 2017。
2. Hirschman 1970, 3.
3. 參見 Beerbohm 2012 等文獻。
4. 參見 Rawls 1971, 355–91 等文獻。
5. Altman and Wellman 2008, 253.
6. 這段說法源自 McMahan 2009, vii。
7. 赫緒曼可能會把反抗視為某種抗議。
8. 參見 Beerbohm 2012 等著作。
9. 辯護極端和平主義的論述，可參見 Kellenberger 1987; Routley 1984; Filice 1992, 493–95。
10. David Ferguson，〈西墨西哥州警察對滿載孩童的廂型車開槍並遭開除〉（New Mexico Cop Fired for Shooting at Minivan Full of Kids）http://www.rawstory.com/rs/2013/12/07/new-mexico-cop-fired-for-shooting-at-minivan-full-of-kids/，《真實故事》December 7, 2013，查閱於 December 6, 2017。
11. 參見《維基百科》〈Rodney King〉條目，https://en.wikipedia.org/wiki/Rodney_King，查閱於 December 6, 2017。
12. Brennan 2006.
13. 這跟亞利桑那州皮馬縣 SWAT 特警殺死 Jose Guerana 的案件很像。參見〈亞利桑納州警察莽撞查緝大麻，殺死前海軍陸戰隊員 Jose Guerena〉（Jose

Tversky, Andrew, and Daniel Kahneman. 1973. "Availability: A Heuristic for Judging Frequency and Probability." *Cognitive Psychology* 5:207–33.

Unger, Peter. 1996. *Living High while Letting Die*. New York: Oxford University Press.

Vallier, Kevin, and Fred D'Agostino. 2013. "Public Justification." *Stanford Encyclopedia of Philosophy*, edited by Edward N. Zalta. Accessed December 20, 2017, http://plato.stanford.edu/entries/justification-public/.

Varden, Helga. 2010. "Kant and Lying to the Murderer at the Door … One More Time: Kant's Legal Philosophy and Lies to Murderers and Nazis." *Journal of Social Philosophy* 41:403–21.

Waldron, Jeremy. 1998. "Participation: The Right of Rights." *Proceedings of the Aristotelian Society* 98:307–37.

———. 1999. *Law and Disagreement*. New York: Oxford University Press.

Wellman, Christopher Heath, and A. John Simmons. 2005. *Is There a Duty to Obey the Law: For and Against*. New York: Cambridge University Press/

Westen, Drew. 2008. *The Political Brain*. New York: Perseus Books.

Westen, Drew, Pavel S. Blagov, Keith Harenski, Clint Kilts, and Stephan Hamann. 2006. "The Neural Basis of Motivated Reasoning: An FMRI Study of Emotional Constraints on Political Judgment during the U.S. Presidential Election of 2004." *Journal of Cognitive Neuroscience* 18:1947–58.

White, Mark D. 2008. "Why Doesn't Batman Kill the Joker?" In *Batman and Philosophy*, edited by William Irwin, 5–16. Boston: Wiley-Blackwell.

Zagzebski, Linda Trinkaus. 2012. *Epistemic Authority: A Theory of Trust, Authority, and Autonomy in Belief*. New York: Oxford University Press.

Routley, Richard. 1984. "On the Alleged Inconsistency, Moral Insensitivity, and Fanaticism of Pacifism." *Inquiry* 27:117–36.
Schmidtz, David, and Jason Brennan. 2010. *A Brief History of Liberty*. Oxford: Wiley-Blackwell Press.
Schwartzman, Micah. 2011. "The Sincerity of Public Reason." *Journal of Political Philosophy* 19:375–98.
Sears, David O., and Carolyn L. Funk. 1990. "Self-Interest in Americans' Political Opinions." In *Beyond Self-Interest*, edited by Jane Mansbridge, 147–70. Chicago: University of Chicago Press.
———, Carl Hensler, and Leslie Speer. 1979. "Whites' Opposition to 'Busing': Self-Interest or Symbolic Politics?" *American Political Science Review* 73:369–84.
———, and Richard Lau. 1983. "Inducing Apparently Self-Interested Political Preferences." *American Journal of Political Science* 27: 223–52.
———, Richard Lau, Tom Tyler, and Harris Allen. 1980. "Self-Interest vs. Symbolic Politics in Policy Attitudes and Presidential Voting." *American Political Science Review* 74:670–84.
Shapiro, Ian. 2003. *The State of Democratic Theory*. Princeton, NJ: Princeton University Press.
Silvermint, Daniel. 2013. "Resistance and Well-Being." *Journal of Political Philosophy* 21:405–25.
Simmons, A. John. 1996. "Philosophical Anarchism." In *For and against the State: New Philosophical Readings*, edited by John T. Sanders and A. John Simmons, 19–30. Boulder, CO: Rowman and Littlefield.
Singer, Peter. 1972. "Famine, Affluence, and Morality." *Philosophy and Public Affairs* 1:229–43.
———. 2005. "Ethics and Intuitions." *Journal of Ethics* 9:331–52.
———. 2010. *The Life You Can Save*. New York: Random House.
Smith, M. B. E. 1996. "The Duty to Obey the Law." In *Companion to the Philosophy of Law and Legal Theory*, edited by Dennis Patterson, 465–74. Oxford: Blackwell.
Somin, Ilya. 2013. *Democracy and Political Ignorance*. Stanford, CA: Stanford University Press.
Spragens, William. 1980. "Political Impact of Presidential Assassinations and Attempted Assassination." *Presidential Studies Quarterly* 10:336–47.
Stringham, Edward. 2015. *Private Governance*. New York: Oxford University Press.
Thomson, Judith Jarvis. 1991. "Self-Defense." *Philosophy and Public Affairs* 20:283–310.
Timmons, Mark. 2012. *Moral Theory: An Introduction*. Boulder, CO: Rowman and Littlefield.

Markus, Gregory. 1988. "The Impact of Personal and National Economic Conditions on the Presidential Vote: A Pooled Cross-Sectional Analysis." *American Journal of Political Science* 32:137–54.
McMahan, Jeff. 2009. *Killing in War*. Oxford: Oxford University Press.
Milanovic, Branko. 2005. *Worlds Apart: Measuring International and Global Inequality*. Princeton, NJ: Princeton University Press.
Milgram, Stanley. 1963. "A Behavioral Study of Obedience." *Journal of Abnormal and Social Psychology* 67:371–78.
Miller, Dale. 1999. "The Norm of Self-Interest." *American Psychologist* 54:1053–60.
Mueller, Dennis. 2003. *Public Choice III*. New York: Cambridge University Press.
Mutz, Diana. 1992. "Mass Media and the Depoliticization of Personal Experience." *American Journal of Political Science* 36:483–508.
———. 1993. "Direct and Indirect Routes to Politicizing Personal Experience: Does Knowledge Make a Difference?" *Public Opinion Quarterly* 57:483–502.
———. 2006. *Hearing the Other Side*. New York: Cambridge University Press.
———, and Jeffrey Mondak. 1997. "Dimensions of Sociotropic Behavior: Group-Based Judgments of Fairness and Well-Being." *American Journal of Political Science* 41:284–308.
Nock, Alfred Jay. 1939. "The Criminality of the State." *American Mercury* (March): 344–50.
North, Douglas. 1990. *Institutions, Institutional Change, and Economic Performance*. New York: Cambridge University Press.
Nozick, Robert. 1974. *Anarchy, State, and Utopia*. New York: Basic Books.
Ponza, Michael, Greg Duncan, Mary Corcoran, and Fred Groskind. 1988. "The Guns of Autumn? Age Differences in Support for Income Transfers to the Young and Old." *Public Opinion Quarterly* 52:441–66.
Rawls, John. 1971. *A Theory of Justice*. Cambridge, MA: Harvard University Press.
———. 1996. *Political Liberalism*. New York: Columbia University Press.
Rhodebeck, Laurie. 1993. "The Politics of Greed? Political Preferences among the Elderly." *Journal of Politics* 55:342–64.
Ripstein, Arthur. 2009. *Force and Freedom: Kant's Legal and Political Philosophy*. Cambridge, MA: Harvard University Press.
Ross, W. D. 1930. *The Right and the Good*. New York: Oxford University Press.

———. 2017b. "Is Wealth Redistribution a Natural Rights Violation?" In *The Routledge Handbook of Libertarianism*, edited by Jason Brennan, Bas van der Vossen, and David Schmidtz, 259–71. New York: Routledge Press.

Hurd, Heidi. 2001. "Is It Wrong to Do Right When Others Do Wrong?: A Critique of American Tort Law." *Legal Theory* 7:307–40.

Iqbal, Zaryab, and Christopher Zorn. 2008. "The Political Consequences of Assassination." *Journal of Conflict Resolution* 52:385–400.

Jones, Benjamin, and Benjamin Olken. 2009. "Hit or Miss: The Effect of Assassination on Institutions and War." *American Economic Journal: Macroeconomics* 1:55–87.

Kahan, Dan, Ellen Peters, Erica Cantrell Dawson, and Paul Slovic. 2017. "Motivated Numeracy and Enlightened Self-Government." *Behavioral Public Policy* 1:54–86.

Kang, John. 2003. "The Case for Insincerity." *Studies in Law, Politics, and Society* 29:143–64.

Kavka, Gregory. 1995. "Why Even Morally Perfect People Would Need Government." *Social Philosophy and Policy* 12:1–18

Kellenberger, J. 1987. "A Defense of Pacifism." *Faith and Philosophy* 4:129–48.

Kinder, Donald, and Roderick Kiewiet. 1979. "Economic Discontent and Political Behavior: The Role of Personal Grievances and Collective Economic Judgments in Congressional Voting." *American Journal of Political Science* 23:495–527.

LaFave, Wayne. 2003. *Criminal Law*. 4th ed. Washington, DC: Thomson-West.

Landemore, Hélène. 2012. *Democratic Reason*. Princeton, NJ: Princeton University Press.

Leeson, Peter. 2014. *Anarchy Unbound: Why Self-Governance Works Better than You Think*. New York: Cambridge University Press.

Lefkowitz, David. 2009. "Is There Ever a Duty to Obey Orders in an Unjust War?" University of North Carolina at Greensboro, unpublished manuscript. Accessed December 12, 2017. http://isme.tamu.edu/ISME09/Lefkowitz09.html#_edn9.

Levin, Joel. 1992. *How Judges Reason*. New York: Peter Lang.

Locke, John. 1980. *Second Treatise of Government*. Indianapolis: Hackett 1980.

Loewenstein, George, Sunita Sah, and Daylian Cain. 2012. "The Unintended Consequences of Conflict of Interest Disclosure." *Journal of the American Medical Association* 307:669–70.

Mahon, James Edwin. 2009. "The Truth about Kant on Lies." In *The Philosophy of Deception*, edited by Clancy Martin, 201–4. New York: Oxford University Press.

González-Ricoy, Iñigo. 2012. "Depoliticising the Polls: Voting Abstention and Moral Disagreement." *Politics* 32:46–51.
Green, Donald, and Ian Shapiro. 1994. *Pathologies of Rational Choice Theory.* New Haven, CT: Yale University Press.
Green, Leslie. 2003. "Legal Obligation and Authority." In *Stanford Encyclopedia of Philosophy*, edited by Edward N. Zalta. Accessed December 8, 2017. http://plato.stanford.edu/entries/legal-obligation.
Habermas, Jürgen. 2001. *Moral Consciousness and Communicative Action*. Cambridge, MA: MIT Press.
Haidt, Jonathan. 2012. *The Righteous Mind*. New York: Pantheon.
Hall, Abigail R. 2015. "Drones: Public Interest, Public Choice, and the Expansion of Unmanned Aerial Vehicles." *Peace Economics, Peace Science, and Public Policy* 21:273–300.
Hardin, Russell. 2009. *How Do You Know?: The Economics of Ordinary Knowledge*. Princeton, NJ: Princeton University Press.
Hart, H. L. A. 1955. "Are There Any Natural Rights?" *Philosophical Review* 64:175–91.
Hasnas, John. 2004. "Hayek, the Common Law, and Fluid Drive." *NYU Journal of Law and Liberty* 1:79–110.
———. 2014. "Lobbying and Self-Defense." Special issue, *Georgetown Journal of Law and Public Policy* 12:391–412.
Hay, Carol. 2011. "The Obligation to Resist Oppression." *Journal of Social Philosophy* 42:21–45.
Hewstone, Miles, Mark Rubin, and Hazel Willis. 2002. "Intergroup Bias." *Annual Review of Psychology* 53:575–604.
Hirschman, Albert O. 1970. *Exit, Voice, and Loyalty*. Cambridge, MA: Harvard University Press.
Huddy, Leonie, Jeffrey Jones, and Richard Chard. 2001. "Compassion vs. Self-Interest: Support for Old-Age Programs among the Non-Elderly." *Political Psychology* 22:443–72.
———, David Sears, and Jack S. Levy. 2013. Introduction to *The Oxford Handbook of Political Psychology, 2nd Edition*, edited by Leonie Huddy, Leonie, David Sears, and Jack S. Levy, 1–21. New York: Oxford University Press.
Huemer, Michael. 2004. "America's Unjust Drug War." In *The New Prohibition: Voices of Dissent Challenge the Drug War*, edited by Bill Masters, 133–44. Saint Louis: Accurate Press.
———. 2012. *The Problem of Political Authority*. New York: Palgrave MacMillan.
———. 2017a. "Devil's Advocates: On the Ethics of Unjust Legal Advocacy." In *Ethics in Politics: The Rights and Obligations of Individual Political Agents*, edited by Emily Crookston, David Killoren, and Jonathan Trerise, 285–304. New York: Routledge Press.

by John A. Ferejohn and James H. Kuklinski, 369–88. Urbana: University of Illinois Press.

Dobos, Ned. 2017. "Political Obligation." In *Internet Encyclopedia of Philosophy*. Accessed December 8, 2017. http://www.iep.utm.edu/poli-obl/#SH1a.

Estlund, David. 2007. "On Following Orders in an Unjust War." *Journal of Political Philosophy* 15:213–34.

———. 2008. *Democratic Authority*. Princeton, NJ: Princeton University Press.

Feddersen, Timothy, Sean Gailmard, and Alvaro Sandroni. 2009. "A Bias toward Unselfishness in Large Elections: Theory and Experimental Evidence." *American Political Science Review* 103:175–92.

Filice, Carlo. 1992. "Pacifism: A Reply to Narveson." *Journal of Philosophical Research* 17:493–95.

Finkelman, Paul. 2008. "Was *Dred Scott* Correctly Decided?: An 'Expert Report' for the Defendant." *Lewis and Clark Law Review* 12:1219–52.

Flanigan, Jessica. Forthcoming. *Pharmaceutical Freedom*. New York: Oxford University Press.

Fraser, Nancy. 2008. *Scales of Justice*. New York: Cambridge University Press.

Funk, Carolyn. 2000. "The Dual Influence of Self-Interest and Societal Interest in Public Opinion." *Political Research Quarterly* 53: 37–62.

———, and Patricia Garcia-Monet. 1997. "The Relationship between Personal and National Concerns in Public Perceptions of the Economy." *Political Research Quarterly* 50:317–42.

Gaus, Gerald. 1996. *Justificatory Liberalism*. New York: Oxford University Press.

———. 2003. *Contemporary Theories of Liberalism*. Thousand Oaks, CA: Sage.

———. 2017. "The Open Society and Its Friends." *Critique*, January 15. Accessed December 14, 2017. http://www.thecritique.com/articles/open-society-and-its-friends/.

———, and Kevin Vallier. 2009. "The Role of Religious Conviction in a Publically Justified Polity." *Philosophy and Social Criticism* 35:51–76.

Gilens, Martin. 2012. *Affluence and Influence*. Princeton, NJ: Princeton University Press.

Gödel, Kurt. 2001. "A Remark about the Relationship between the Theory of General Relativity and Idealistic Philosophy." In *Collected Works: Publications, 1948–1974*, 202–7. Oxford: Oxford University Press.

———. 2017a. "Democracy and Freedom." In *The Oxford Handbook of Freedom*, edited by David Schmidtz. New York: Oxford University Press.

———. 2017b. "Murders at the Ballot Box: When Politicians May Lie to Bad Voters." In *Political Ethics*, edited by Emily Crookston, David Killoren, and Jonathan Trerise, 11–29. New York: Routledge Press.

———, and Peter Jaworski. 2015. *Markets without Limits*. New York: Routledge Press.

Brennan, Geoffrey, and Loren Lomasky. 1993. *Democracy and Decision: The Pure Theory of Electoral Preference*. New York: Cambridge University Press.

Brink, David. 1986. "Utilitarian Morality and the Personal Point of View." *Journal of Philosophy* 83:417–38.

Brownlee, Kimberly. 2013. "Civil Disobedience." *Stanford Encyclopedia of Philosophy*, edited by Edward N. Zalta. Accessed December 6, 2017. https://plato.stanford.edu/entries/civil-disobedience/.

Caplan, Bryan. 2007. *The Myth of the Rational Voter: Why Democracies Choose Bad Policies*. Princeton, NJ: Princeton University Press.

———, Eric Crampton, Wayne A. Grove, and Ilya Somin. 2013. "Systematically Biased Beliefs about Political Influence: Evidence from the Perceptions of Political Influence on Policy Outcomes Survey." *PS: Political Science and Politics* 46:760–67.

Chong, Dennis. 2013. "Degrees of Rationality in Politics." In *The Oxford Handbook of Political Psychology*, edited by David O. Sears and Jack S. Levy, 96–129. New York: Oxford University Press.

Christiano, Tom. 2012. "Authority." In *Stanford Encyclopedia of Philosophy*, edited by Edward N. Zalta. Accessed December 8, 2017. https://plato.stanford.edu/entries/authority/.

Citrin, Jack, and Green, Donald. 1990. "The Self-Interest Motive in American Public Opinion." *Research in Micropolitics* 3:1–28.

Cobb, Charles, Jr. 2014. *This Non-Violent Stuff'll Get You Killed: How Guns Made the Civil Rights Movement Possible*. New York: Basic Books.

Cohen, Joshua. 2009. "Deliberation and Democratic Legitimacy." In *Democracy*, edited by David Estlund, 87–106. Malden, MA: Blackwell.

Conover, Pamela, Stanley Feldman, and Kathleen Knight. 1987. "The Personal and Political Underpinnings of Economic Forecasts." *American Journal of Political Science* 31:559–83.

Converse, Phillip. 1990. "Popular Representation and the Distribution of Information." In *Information and Democratic Processes*, edited

參考文獻

Achen, Christopher, and Larry Bartels. 2016. *Democracy for Realists*. Princeton, NJ: Princeton University Press.

Alexander, Larry. 2013. "Other People's Errors." *Ethical Theory and Moral Practice* 16:1049–59.

Althaus, Scott. 2003. *Collective Preferences in Democratic Politics*. New York: Cambridge University Press.

Altman, Andrew, and Christopher Heath Wellman. 2008. "From Humanitarian Intervention to Assassination: Human Rights and Political Violence." *Ethics* 118:228–57.

Applbaum, Arthur Isak. 2010. "Legitimacy without the Duty to Obey." *Philosophy and Public Affairs* 38:216–39.

Balko, Randy. 2013. *The Rise of the Warrior Cop: The Militarization of America's Police Forces*. New York: Public Affairs.

Beerbohm, Eric. 2012. *In Our Name*. Princeton, NJ: Princeton University Press.

Bicchieri, Cristina. 2016. *Norms in the Wild: How to Diagnose, Measure, and Change Social Norms*. New York: Oxford University Press.

Blass, T. 1999. "The Milgram Paradigm after 35 Years: Some Things We Now Know about Obedience to Authority." *Journal of Social Psychology* 29:955–78.

Brennan, Jason. 2006. "Marijuana." In *Social Issues in America*, edited by James Ciment, 1044–54. Armonk, NY: M. E. Sharpe.

———. 2008. "Beyond the Bottom Line: The Theoretical Goals of Moral Theorizing." *Oxford Journal of Legal Studies* 28:277–96.

———. 2011a. *The Ethics of Voting*. Princeton, NJ: Princeton University Press.

———. 2011b. "The Right to a Competent Electorate." *Philosophical Quarterly* 61:700–724.

———. 2012. *Libertarianism: What Everyone Needs to Know*. New York: Oxford University Press.

———. 2016a. *Against Democracy*. Princeton, NJ: Princeton University Press.

———. 2016b. "When May We Kill Government Agents?: In Defense of Moral Parity." *Social Philosophy and Policy* 32:40–61.

Big Ideas 24
暴民法：當國家為惡、政治失控、正義失靈，人民的反抗無罪

2020年6月初版 定價：新臺幣380元

著者	Jason Brennan
譯者	劉維人
審訂	楊理然
叢書主編	黃淑真
校對	馬文穎
內文排版	極翔企業
封面設計	兒日

出版者	聯經出版事業股份有限公司
地址	新北市汐止區大同路一段369號1樓
叢書主編電話	(02)86925588轉5322
台北聯經書房	台北市新生南路三段94號
電話	(02)23620308
台中分公司	台中市北區崇德路一段198號
暨門市電話	(04)22312023
台中電子信箱	e-mail：linking2@ms42.hinet.net
郵政劃撥帳戶	第0100559-3號
郵撥電話	(02)23620308
印刷者	文聯彩色製版印刷有限公司
總經銷	聯合發行股份有限公司
發行所	新北市新店區寶橋路235巷6弄6號2樓
電話	(02)29178022

副總編輯	陳逸華
總經理	陳芝宇
社長	羅國俊
發行人	林載爵

行政院新聞局出版事業登記證局版臺業字第0130號

本書如有缺頁，破損，倒裝請寄回台北聯經書房更換。 ISBN 978-957-08-5541-8 (平裝)
聯經網址：www.linkingbooks.com.tw
電子信箱：linking@udngroup.com

國家圖書館出版品預行編目資料

暴民法：當國家為惡、政治失控、正義失靈，人民的反抗無罪/
Jason Brennan著．劉維人譯．初版．新北市．聯經．2020年6月．288面．
14.8×21公分（Big Ideas 24）
譯自：When all else fails: the ethics of resistance to state injustice
ISBN 978-957-08-5541-8（平裝）

1.衝突 2.社會互動

541.62 109006895